FABIEN OLICARD

L'ANTI GUIDE DE LA MANIPULATION

FIRST
ÉDITIONS

SOMMAIRE

AVANT-PROPOS

Manipuler. C'est amusant de voir à quel point ce verbe est teinté de connotations négatives. Il est presque naturel de penser que manipuler, c'est mal. Pourtant, à bien y réfléchir, nous nous manipulons tous en permanence. Alors, sommes-nous vraiment des marionnettistes en puissance, dotés de mauvaises intentions dans le seul but de conquérir le monde ? La réponse est évidemment non (au moins pour la plupart d'entre nous. Et si au contraire c'est votre cas et que vous y arrivez, n'oubliez jamais que j'ai toujours été de votre côté...).

Nous manipulons des objets, pour commencer, à chaque instant de la journée. En ce moment même, je suis en train de manipuler mon clavier et ma souris. Je crois que vous serez d'accord pour dire que ça n'est ni bien ni mal. J'utilise juste correctement des objets dans le but d'obtenir le résultat attendu.

« Mais Fabien ! Une personne, ça n'est quand même pas comme du matériel informatique ! » C'est vrai. Pourtant, nous optimisons notre communication en permanence, qu'on le veuille ou non, pour obtenir ce que l'on souhaite. Si j'ai envie de convaincre un ami de venir avec moi faire des courses, je vais utiliser spontanément tous les outils que j'ai à ma disposition : je vais lui rappeler ce que j'ai fait pour lui, je vais lui donner des arguments expliquant que ça va être rapide et agréable, peut-être même vais-je changer le ton de ma voix et modifier l'expression sur mon visage pour l'amadouer ou l'attendrir. Je pense que vous reconnaissez aussi des moments de votre vie personnelle dans ces quelques phrases...

Nous nous manipulons tous car nous voulons *convaincre* les autres ou *obtenir* un résultat que nous espérons. La question qui reste est : le faisons-nous de manière éthique ? En d'autres mots : « Restons-nous dans le camp des gentils ? ». Ce livre va vous permettre de rester du bon côté de la force, de comprendre vos mécanismes inconscients, d'optimiser de façon déontologique votre manière de communiquer tout en réduisant des mauvaises habitudes qui peuvent jouer avec les émotions des autres. Vous apprendrez aussi comment identifier les mauvaises manipulations que vous pouvez subir dans votre quotidien personnel et professionnel et comment vous en protéger. Et enfin, je détaillerai avec vous quelques exemples de manipulations pour que vous puissiez mieux les comprendre.

L'une des définitions du verbe « manipuler » selon le dictionnaire Larousse est : « Amener quelqu'un insidieusement à tel ou tel comportement, le manœuvrer. » À mon sens, le mot « insidieusement » est de trop car il empêche la possibilité de le faire honnêtement, sans mauvaises intentions et sans mensonges. Et puisqu'il est établi que nous nous manipulons tous… Alors laissons-nous cette possibilité de le faire *correctement*. D'ailleurs, à bien y réfléchir, je me sens manipulé par cette définition qui m'impose un sentiment péjoratif quant à ce terme…

De la politique au marketing, de la conversation entre amis à la manipulation des foules, du biais cognitif aux techniques de persuasion, de l'outil bienveillant aux astuces pour se protéger des mauvaises manipulations : bienvenue dans une réalité où tout le monde cherche à faire pencher la balance de son côté !

Vous êtes maintenant libre de commencer le premier volume des antiguides, puisque vous avez toujours le choix…

Fabien Olicard

L'ADN DE LA MANIPULATION

PETITS TESTS ENTRE AMIS

Je vous propose de commencer par une poignée d'amuse-bouches. J'ai bien écrit « je vous propose » car je ne vous impose rien, vous pourriez commencer par lire ce livre à n'importe quelle page que je ne surgirais pas derrière vous pour vous l'interdire. Le problème de lire un livre qui traite de la manipulation et de l'influence, c'est que vous pouvez rentrer dans une sorte de paranoïa : « L'auteur cherche-t-il à me manipuler ? » La réponse est oui ! Comme ça, l'angoisse peut être soulagée… Vous savez et vous n'avez plus à en avoir peur. Vous aussi, vous me manipulez d'ailleurs. J'écris ce livre en pensant au rythme de votre lecture, à comment vous intéresser, à comment faire en sorte que vos futurs commentaires soient positifs. Vous êtes en train de m'obliger à faire de mon mieux et c'est une bonne chose… Alors, merci pour cette manipulation bienveillante.

Avant d'entrer dans le vif du sujet, je vais donc vous montrer en quoi le cerveau humain est à la fois un récepteur et un émetteur de manipulations. Avec de simples tests. (Remarquez comment un adjectif comme « simple » vous induit à penser que vous n'avez pas à faire preuve d'un grand engagement de temps ou d'énergie pour continuer votre lecture…)

UN SIMPLE CALCUL

Ce premier test est une mise en chauffe de votre cerveau. Rien de bien compliqué, pas besoin d'avoir le cerveau d'Einstein pour réaliser ce calcul, mais je vous demanderai d'être attentif car vous ne pourrez pas le faire deux fois dans votre vie.

- Commencez par penser au nombre 1 000 et ajoutez-y mentalement 40. Vous devriez être à 1 040. Tout va bien ? Alors continuons.

- Additionnez encore 1 000 au résultat que vous aviez en tête, puis ajoutez 30.

- Additionnez de nouveau 1 000, puis ajoutez cette fois 20.

- Enfin additionnez 1 000 une dernière fois et terminez en ajoutant 10.

- Puis-je savoir quel est votre résultat ? Écrivez-le ici :

……………………………………………………………………………

……………………………………………………………………………

……………………………………………………………………………

Vous pensez avoir eu juste mais je vais néanmoins vous demander de prendre une calculatrice pour vérifier. Faites-le vraiment, même si vous êtes persuadé d'avoir bon... Surtout si vous êtes persuadé d'avoir bon... Si cela s'avère le cas, tant mieux. Qu'avez-vous à perdre à vérifier ?

Nous parlerons de vos réponses plus loin, dans la section « De simples réponses ».

UN SIMPLE CHEVAL

Voudriez-vous bien miser sur un cheval pour une compétition imaginaire ? Sur mon champ de course imaginaire, il n'y a rien à perdre ! Et soyons honnête, il n'y a pas grand-chose à gagner non plus.

Vous trouverez ci-dessous 4 chevaux. Ils sont tous identiques, vous devez en choisir un, celui que vous voulez. Entourez-le afin de vous souvenir de votre choix par la suite.

Cheval

Cheval

Cheval

Cheval

Attention ! La course commence, aucun faux départ à constater. Laissons-les courir, je vous donnerai le tiercé gagnant dans la section plus bas « De simples réponses ».

UN SIMPLE JEU D'ENFANT

Vous connaissez le jeu du « Pierre-Feuille-Ciseaux » ? On l'appelle aussi le Shifoumi. La pierre bat les ciseaux mais se fait dominer par la feuille. La feuille bat donc la pierre mais ne résiste pas aux ciseaux. Les ciseaux battent donc la feuille mais se font écraser par la pierre. C'est un triangle équilatéral.

Je vais choisir un symbole de mon côté (parmi Pierre, Feuille et Ciseaux) **en faisant en sorte de ne pas perdre** (c'est là mon but). À vous d'en écrire un également en dessous :

....

....

....

....

Nous comparerons bien évidemment nos résultats tout à l'heure, dans la section « De simples réponses ».

UN SIMPLE ARRÊT DE BUS

Pour terminer cette série de tests, je vais vous demander de vous concentrer. Vous devez lire le texte suivant en prenant tout votre temps. La seule règle que je vous demande de respecter est de ne jamais revenir en arrière. Lorsque vous lisez une ligne, vous n'avez plus le droit de lire les précédentes (mais vous pouvez relire cette ligne-là autant de fois que vous voulez). Prêt ? Alors, allons-y car je ne vous entends pas vraiment me répondre...

Un bus part de son dépôt un matin très tôt. Il est vide si on ne compte pas le chauffeur. Il s'arrête et trois passagers montent. Il continue sa route, s'arrête de nouveau, une personne descend pendant que deux autres montent.

Virage à droite, nouvel arrêt. Huit personnes montent et personne ne descend.

Le bus prend la voie rapide pour contourner le centre-ville. Il en sort au bout de quelques minutes. Il s'arrête, cinq personnes montent par les portes arrière et sept autres montent par les portes avant.

Le bus repart, s'arrête sur la place principale de la ville. Neuf personnes montent et toutes les autres descendent.

Le bus arrive enfin au bout de sa ligne, il va faire sa pause et le chauffeur prend le micro pour annoncer le terminus. Tout le monde descend...

La question que je vous pose est : « Combien y a-t-il eu d'arrêts de bus ? »

Ne faites pas cette tête mi-souriante mi-agacée, nous allons y revenir dans la section suivante.

DE SIMPLES RÉPONSES

Ces quelques jeux exploitent nos failles cérébrales les plus accessibles. Nous avons toutes et tous des portes ouvertes dans notre esprit où les magouilleurs du cerveau peuvent s'introduire. Il est certain que vous n'avez pas tous les mêmes réponses à 100 %. Néanmoins, les statistiques montrent que ces quatre tests fonctionnent sur la plupart des individus.

Pour le premier test, la réponse était donc de 4 100. Pourtant, la grande majorité de la population obtient 5 000 lors de son premier comptage mental. Si ça n'était pas votre cas, félicitations, je vous invite à le faire à vos amis et à regarder leurs têtes incrédules quand vous leur annoncerez que 5 000 n'est pas la bonne réponse. Cette astuce fonctionne car, lors de votre calcul mental, votre cerveau ne prend pas en compte le zéro. Votre petite voix intérieure prononce « Quatre mille quatre-vingt-dix », ce qui vous fait oublier l'existence du zéro puisqu'il n'est pas verbalisé entre « mille » et « quatre ». En toute logique, vous additionnez alors la retenue sur le chiffre situé sur la gauche. Ce qui transforme le 4 000 en 5 000.

Imaginez-vous toutes les choses que votre cerveau ne prend pas toujours en compte ? Imaginez-vous comment certaines personnes peuvent exploiter cette faille ?

Pour le deuxième test, vous avez sûrement choisi le troisième cheval. Cette probabilité est incroyable lorsqu'on la réalise sur un grand nombre d'individus. Lorsque vous faites un choix, votre esprit a tendance à refuser la première et la dernière option car elles lui paraissent trop évidentes. Votre esprit élimine les extrêmes malgré vous.

Pour se donner le sentiment de liberté, votre cerveau va choisir l'option la plus éloignée parmi celles qui restent. Alors évidemment certaines ou certains d'entre vous ont peut-être pris les extrêmes mais la grande majorité a statistiquement sélectionné le troisième cheval (la deuxième plus grosse statistique allant ensuite sur le deuxième cheval). De nouveau, je vous invite à tester ce petit jeu sur votre entourage.

Si, dans une conversation, je devais vous proposer des options différentes mais légèrement identiques, j'aurais tout intérêt à placer celle qui m'arrange en troisième…

Pour le troisième test, je devais éviter de perdre, j'ai décidé de choisir la feuille. Alors certes, j'avais quelques facteurs en ma faveur sur le fait que vous preniez « pierre » car c'est le premier de la série Pierre-Feuille-Ciseaux et c'est le symbole le plus simple à écrire.

En réalité, j'aurais pu choisir n'importe lequel des trois car la manipulation était faite dans ma formulation de départ ! C'est l'équivalent d'un pile ou face dont la règle serait « Face je gagne, pile vous perdez ».

En écrivant que mon but était de « ne pas perdre », je me donnais deux chances sur trois d'atteindre mon objectif ! 66 % de chances de réussir, ça n'est pas négligeable.
En réfléchissant plus longuement, on peut constater que je ne perds pas dans le cas où je gagne ET je ne perds pas dans le cas où nous sommes sur un match nul.
Si j'avais dit « mon but est de gagner », je n'aurais eu que 33 % de chances de réussir.

Parfois, une simple nuance de langage peut cacher une manipulation si subtile que vous ne vous en rendrez jamais compte. Ah, et si vous êtes adepte du Shifoumi, sachez qu'il existe des stratégies issues de la psychologie comportementale pour gagner : je vous laisse vous référer à ma vidéo YouTube sur le sujet ou à mon livre *Votre cerveau est extraordinaire*. Vous ne mesurez pas l'impact de gagner à ce jeu quasiment à chaque fois ! C'est ce que j'appelle un « épaississeur de personnalité » car cela forge une partie de votre réputation. Vous avez une particularité qui vous rend unique (oui oui… même pour un simple Shifoumi…).

Et enfin le quatrième test. J'aurais voulu voir votre tête quand vous avez appris à la fin que tous les passagers descendaient alors que vous aviez pris soin de tenir le compte en permanence. Vous avez compris le piège au moment où je vous ai posé la question. Le manque de clarté de la consigne d'origine marchant sur le fil de l'honnêteté. J'ai placé ce test pour vous démontrer l'importance de devoir vérifier les intentions et les attentes de son interlocuteur avant de s'engager… et à l'inverse, l'importance d'être clair dans ses attentes pour ne pas créer de frustration chez les autres.

Vous le voyez, le cerveau humain est facile à orienter. La manipulation peut être faite éthiquement, elle peut aussi être pratiquée pour le bien de l'autre, mais dans tous les cas, il faut savoir se protéger des mauvaises intentions pour les contrer.

Rassurez-vous, les trois prochaines parties de cet ouvrage vont vous en apprendre long sur vous-même. Et là, c'est plus qu'une manipulation : c'est une promesse.

« COMMUNIQUER » VERSUS « MANIPULER »

Une fois n'est pas coutume, je vais commencer par écrire la fin de ce chapitre. Ainsi, vous ne pourrez pas m'accuser de vous tenir en haleine dans le but malin de vous faire lire chaque page de ce livre jusqu'au bout. La conclusion est que nous ne pouvons pas communiquer sans manipuler : c'est un fait.

Pour le comprendre, il faut partir d'un premier constat simple. Il est impossible pour l'être humain de ne pas communiquer. Vous pensez peut-être que dans une conversation où la communication passe majoritairement par les mots et le sens de ces derniers, c'est logique. Mais même lorsque vous ne parlez pas… vous communiquez !

Voici de quoi vous illustrer ce fait avec un… simple… exemple. Imaginez que vous rentriez dans un ascenseur où se trouvent plusieurs personnes. Voyons quelques-uns des comportements que vous pourriez adopter :

1. Vous pourriez rentrer sans dire un mot et vous mettre dans un coin. Vous venez donc de communiquer votre envie de ne pas entamer de discussion.

2. Vous pourriez rentrer en disant bonjour avant de vous mettre en attente. Vous venez de communiquer votre bonne éducation si votre visage était souriant… ou votre ironie si votre visage affichait un dégoût quant au fait que plusieurs personnes se trouvent déjà dans l'ascenseur.

3. Vous pourriez afficher le visage le plus neutre possible, vous seriez déjà en train de communiquer car vos vêtements, votre style, communiqueraient à votre place des informations sur vous.

Votre physique, votre visage, vos gestes, vos mots, vos intonations, vos actions, etc. Tout parle en plus des mots que vous prononcez ! Nous envoyons des informations en permanence aux autres. C'est sûrement pour ça que l'humanité a réussi à évoluer en coopérant.

Il faut donc distinguer deux choses : le contenu de l'information que vous communiquez et la relation qui va enrober l'information que vous donnez. Ce que l'on appelle la *relation* va indiquer à l'autre (ou aux autres) comment recevoir l'information que vous transmettez, et indirectement comment ils doivent y réagir.

Après l'ascenseur, voyons maintenant un deuxième exemple : vous sortez du bâtiment et rejoignez un ami à vous. Vous marchez vers votre destination et la pluie se met à tomber. Vous allez communiquer avec votre ami à propos de la pluie et je vais me contraindre à ne prendre en compte que les mots que vous prononcez.

1. Vous pourriez lui dire « il pleut ». Dans ce cas, vous livrez une information qui semble neutre mais vous communiquez déjà que c'est un fait qui ne vous dérange pas, que vous pouvez continuer ce que vous faisiez.

2. Vous pourriez lui dire « il pleut, je suis mouillé ». Dans ce cas, en utilisant « je », vous sollicitez une attention de sa part, vous attendez quelque chose de votre ami, peut-être simplement de l'empathie (alors qu'il est aussi mouillé que vous).

3. Vous pourriez lui dire « il pleut, je suis mouillé, quelle galère ». Dans ce cas, vous manipulez déjà votre ami pour qu'il vous plaigne, vous soutienne, vous trouve une solution, ou s'excuse de vous avoir emmené avec lui.

Gardez cet exemple en tête en imaginant le fait que votre phrase aurait été teintée d'une expression sur votre visage, d'une intonation, etc.

L'information brute « il pleut » est nécessairement enrobée de *relation*. Il est impossible de donner des faits bruts autrement. Dans mon précédent livre, j'utilisais ce même exemple pour illustrer le flux de pensée inconscient que nous avons, et dans ce cas c'est votre voix intérieure qui parle... donc vous êtes en train de vous auto-manipuler.

Nous sommes donc tous des marionnettistes essayant d'influer sur le monde qui nous entoure. Cette réalité étant établie, il est maintenant nécessaire de savoir comment être dans le camp des gentils et comment se défendre lorsque c'est nécessaire... Simplement : comment avoir toujours le choix et le laisser aux autres ? Vous comprenez mieux maintenant le titre de ce livre qui se veut être un « antiguide » pour désapprendre autant que comprendre.

COMMENT DIFFÉRENCIER LA MANIPULATION DE L'INFLUENCE ?

Il doit vous paraître étrange que j'écrive ce chapitre en fin de première partie. Pour être honnête, j'écris ces lignes alors que j'ai déjà couché plus de 25 000 mots de ce livre sur mon ordinateur. Nous sommes dimanche, il est 22 heures, et des questions me taraudent : « Est-ce que mon livre parle de manipulation ou bien d'influence ? Quelle est véritablement la différence entre les deux ? » Vous l'avez compris, j'ai une passion profonde pour le fonctionnement de l'être humain, comment il communique avec l'autre et… avec lui-même. Le sujet de la manipulation me fascinait déjà bien avant que je découvre la discipline du mentalisme (dont j'essaierai d'être toujours un digne représentant bienveillant). Pour autant, je ne me suis jamais vraiment posé la question de la différence fondamentale entre manipulation et influence. L'écriture de cet ouvrage, qui regroupe tout ce que j'ai pu rencontrer ou découvrir sur le sujet au cours de ma vie, m'offre donc l'occasion d'éclaircir ce point pour vous, pour moi, avec vous, grâce à vous qui me lisez.

Prenons une deuxième définition avec cette fois le dictionnaire Le Robert. Selon lui, l'influence est une action exercée sur quelqu'un ou quelque chose. Si on va plus loin, on peut également dire que, contrairement au mot « manipulation », le terme « influence » est utilisé également dans un cadre positif.

Voici un exemple : « Ce musicien a clairement des influences rock des années 1980. »

L'influence est donc une orientation, une direction. Elle connote quelque chose de positif. Est-ce pour cela que la génération des stars du web s'est fait nommer « influenceurs » par les boîtes de marketing ? Le terme « manipulateurs » possédant une aura trop négative ? D'ailleurs, moi qui suis très présent sur Internet, je n'ai pas l'impression d'influencer qui que ce soit, mais c'est un autre sujet.

Toujours selon Le Robert, la manipulation est une manœuvre malhonnête. Je vous invite à relire l'avant-propos de ce livre pour mon avis à ce sujet. En tout cas, il apparaît que les deux termes « manipulation » et « influence » ne sont pas synonymes. Mince ! Que pouvons-nous faire de ça ?

Voici ma conclusion. Il est certain que le point d'orgue d'une manipulation honnête ou bienveillante réside dans un fondement sain très clair : laisser la possibilité à l'autre de dire « non ». Préserver le libre-arbitre. Au final, nous cherchons simplement à convaincre et, qu'il s'agisse d'un individu, d'un groupe, le fait de laisser une porte de sortie visible et accessible (la possibilité de dire « non ») prouve le bien-fondé de notre manière de faire.

Être du bon côté de la force, dans le camp des gentils, signifie donc que l'on veut chercher à influencer la réponse de l'autre. Dois-je pour autant revoir ma copie ? Je ne le crois pas. En effet pour influencer positivement quelqu'un, nous devons utiliser des techniques de… manipulation ! Voici pourquoi et comment le serpent se mord la queue avec ces deux termes.

Vous savez maintenant pourquoi il est important d'écrire ce livre avec le mot « manipulation » partout (je serais curieux de savoir combien de fois le mot « manipulation » et ses dérivés apparaissent dans l'ouvrage…). D'abord parce que ça permet de dédramatiser son sens, d'admettre que nous nous manipulons tous en permanence, et enfin il me donne l'occasion de démontrer des stratagèmes qui peuvent être utilisés contre vous à mauvais escient. Au final, les transformations que vous ferez dans votre communication seront de détecter à quel moment vous auriez manipulé les autres sans intention de le faire, afin de corriger vos stratégies pour les rendre éthiques et ainsi devenir… un bon influenceur !

DEUX EXPÉRIENCES À CONNAÎTRE

Depuis des années, les psychologues tentent de percer les secrets de notre cerveau. Pourquoi avons-nous des réflexes de pensée qui semblent programmés dès notre naissance et quelles en sont les règles ? Avant d'aborder la deuxième grande partie de cet antiguide, il me semble indispensable que vous connaissiez deux expériences du siècle dernier qui vont vous éclairer sur le chemin de l'anti-manipulation.

LES BASES DU CONDITIONNEMENT

Voici quelque chose qui va vous intéresser. Je dis bien « vous » car il s'agit d'un éclairage sur la manière que vous avez parfois de vous… auto-manipuler ! Alors, est-ce « bien » ? Est-ce « mal » ? D'ailleurs, pourquoi faites-vous ça ? Vous voulez qu'on en parle tous les deux ? Allongez-vous sur ce divan et prenons un moment pour en discuter ensemble...

Je plaisante, la vraie question est : « En avez-vous conscience ? » La première forme d'auto-manipulation est celle du conditionnement. Je vais vous donner un exemple concret : si, tous les soirs, avant de vous coucher, vous avez pris l'habitude de prendre une boisson chaude avec les lumières tamisées, alors vous avez créé un rituel. Ce rituel implique que, si vous ne le faites pas, il va vous manquer un « quelque chose » pour bien vous endormir. Rien de nouveau, me direz-vous, vous l'aviez compris par vous-même, c'est le principe même d'un rituel. Mais que se passe-t-il si vous reproduisez le rituel alors qu'il n'est pas l'heure de vous coucher ? Eh bien, votre cerveau va commencer à se détendre dans le but de se préparer en l'endormissement. Parce qu'il est conditionné. Parce qu'il reconnaît les codes qui indiquent qu'il faut se reposer. Même si ça n'est pas le moment. Vous vous êtes manipulé à l'aide d'un conditionnement.

Le conditionnement classique a été étudié et expliqué par Ivan Pavlov, médecin et physiologiste russe, en 1903. Tout commence dans les années 1890 où Pavlov fait des recherches sur la fonction gastrique des chiens. (Petit aparté, je suis toujours fasciné par l'objet de certaines recherches, je me demande souvent à quel moment un chercheur se dit : « Mais dites-moi, on n'a pas tellement étudié la fonction gastrique des chiens ? Allez, je m'y colle ! ») Pavlov avait comme objectif principal de quantifier et d'analyser la salive produite dans la gueule des chiens en fonction des aliments qu'il leur proposait. Était-elle de la même composition ? Sa quantité variait-elle ? Une joyeuse recherche en perspective... Seulement, il s'aperçut assez rapidement que ces mêmes chiens commençaient à saliver bien avant que l'aliment ne soit dans leur gueule. Le cerveau des chiens anticipait donc l'arrivée de la nourriture au point de mettre en route le processus gastrique avant même d'avoir goûté le moindre morceau de viande. Ce phénomène fascina Pavlov qui se dit qu'il serait plus intéressant d'étudier ça que la fonction gastrique canine...

Il remarqua également qu'en nourrissant toujours les chiens dans la même pièce, ceux-ci salivaient dès qu'ils rentraient dans la pièce ou qu'ils voyaient la personne qui apportait la nourriture les fois précédentes. Pavlov comprit alors qu'un apprentissage pouvait créer des réponses conditionnelles sur un stimulus neutre.

Voici les bases vulgarisées pour mieux comprendre les stimuli :

1. Le stimulus neutre : un stimulus neutre engendre une réponse neutre. Par exemple, si je claque trois fois ma joue avec ma main, ça ne va pas déclencher grand-chose chez vous... Quant à moi, j'aurai juste la joue rouge.

2. Le stimulus inconditionné : un stimulus inconditionné engendre une réponse inconditionnelle. Par exemple, l'odeur ou la vue de la nourriture qui fait saliver le chien, personne n'a eu besoin de lui apprendre cette réponse.

3. Le stimulus conditionné : un stimulus conditionné va engendrer une réponse conditionnelle. Le stimulus conditionné est la somme d'un stimulus neutre associé à un stimulus inconditionnel tellement de fois qu'il en résulte une confusion mentale. Cette confusion est telle que le stimulus neutre devient le déclencheur de la réponse conditionnelle.

Tout va bien ? Vous êtes toujours avec moi ? Pour plus de simplicité, voici l'expérience la plus connue de Pavlov (et probablement la plus inexacte, mais nous y reviendrons ensuite) : Pavlov commence à associer le déclenchement d'une sonnette (stimulus neutre pour le chien) au fait d'amener de la nourriture pour donner à manger au chien (stimulus inconditionné qui le fait saliver automatiquement). En répétant chaque jour cette procédure (période que l'on appelle « la phase d'apprentissage »), Pavlov constate que, s'il actionne la sonnette à un moment de la journée sans apporter de nourriture, le chien va tout de même se mettre à saliver. Il a donc réussi à transformer un stimulus neutre en stimulus conditionné. Et surtout, il prouve ainsi l'existence même du conditionnement ! Une manipulation tellement ancrée que le chien – ou l'homme – peut avoir une réaction conditionnée sans même avoir conscience du processus qui se cache derrière !

À toutes fins amusantes et culturelles, sachez que l'on parle toujours de la sonnette qu'actionnait Pavlov, mais il a utilisé un grand nombre de stimuli différents, allant de la voix aux sifflets en passant par des métronomes. Le plus drôle est qu'à la fin du XXe siècle, lorsque le laboratoire de Pavlov put enfin être visité, personne n'a trouvé l'existence de la moindre sonnette dans ses locaux !

Qu'est-ce que cette mise en évidence du conditionnement a permis ? Tout d'abord de traiter les phobies par ce que l'on appelle la désensibilisation : en déconditionnant les personnes atteintes de frayeurs irrationnelles. Mais surtout de comprendre que notre cerveau pouvait être conditionné à son insu, juste par la force de la répétition. Et si votre tisane du soir vous incite à vous endormir, combien de réflexes dans ce genre existent dans votre vie ? Combien en avez-vous créé sans vous en rendre compte ? Combien ont été créés par d'autres sans qu'ils le sachent eux-mêmes ? Combien ont été créés par d'autres volontairement ? Moi-même, j'en ai le tournis.

Ces questions donnent le vertige. Elles m'ont hanté au point que j'analyse au cas par cas ce que je fais spontanément chaque jour. Je me suis mis à observer les autres et à m'observer moi-même. J'ai lu l'étude de Pavlov en 2010 et j'ai cru prendre conscience d'une manipulation mondiale…

LE CONDITIONNEMENT LE PLUS COMMUN

Je vous le raconte : je suis dans le métro parisien pour me rendre à une banale consultation chez le dentiste. Sur la route, j'observe les voyageurs sur leur téléphone. À l'arrêt de Nation, la jeune fille assise devant moi dit au revoir à son ami pour descendre. Immédiatement, son ami sort son téléphone pour actualiser frénétiquement Facebook (en vain car on ne captait pas... ce qui n'avait pas l'air de le décourager d'ailleurs). Je sors à ma station, je vais chez le dentiste et patiente sagement sur mon siège en observant de nouveau les personnes autour de moi. La mécanique est la même, ils arrivent, se présentent à l'accueil, s'asseyent et sortent leur téléphone pour bien souvent ne pas y faire grand-chose. C'est à ce moment que j'ai compris ce conditionnement planétaire qui s'est inscrit lentement mais sûrement dans nos vies. Au moindre risque d'ennui, nous sortons notre téléphone. C'est d'ailleurs ce qui explique que, lorsqu'apparaît une faiblesse de rythme ou un léger manque d'intérêt dans une conversation, l'autre personne soit capable de sortir son mobile tout en discutant. Assorti parfois d'un fabuleux « si, si, je t'écoute » si on lui fait remarquer. Le technophile que je suis a eu du mal à se relever de cette dissonance cognitive quand j'ai dû admettre que... j'étais comme cela également. Et il a fallu du temps pour me déconditionner sans perdre le plaisir que j'ai à utiliser mes applications.

Cet exemple me sert à vous montrer qu'il est très facile de tomber dans le conditionnement, tout autant qu'il est difficile de l'admettre ensuite, tellement nous sommes certains d'être libres de nos actions et de nos pensées.

Je vous invite donc à poser un regard critique sur certaines de vos réactions émotionnelles, et certains de vos actes réflexes. À garder un œil sur les habitudes que d'autres mettent en place à votre égard. Garder une vigilance sur vos conditionnements vous assurera une liberté de penser et de faire. Êtes-vous sûr d'être en colère quand la voiture devant vous ne démarre pas immédiatement au feu vert ? Êtes-vous sûr de vouloir manger quelque chose de sucré en fin de repas ? Êtes-vous déterminé à crier « Aïe aïe aïe » à chaque fois que quelqu'un criera « Atchik atchik atchik[1] » ?

Pour autant, cette capacité à créer des réponses conditionnées peut être tout à fait utile si elle est utilisée en pleine conscience. Grâce à elle, vous pouvez vous aider à obtenir des états de repos ou de concentration, autant que vous pouvez aider votre entourage ou vos enfants à faire de même. La polarité déontologique de la manipulation par le conditionnement n'est qu'une affaire de but : la finalité est-elle objectivement bienveillante ?

MA CAPUCHE D'AUTEUR

Un dernier exemple : avant de me mettre à écrire, je mets toujours la capuche de mon sweat sur ma tête, j'enfile mes écouteurs et je me plonge dans la même musique qui accompagnera mon projet d'écriture de bout en bout (pour satisfaire votre curiosité, il s'agit en ce moment de la bande originale du premier volet du film *Kaamelott*, composée par Alexandre Astier, et d'une playlist de hip-hop des années 1990). Ces différents paramètres m'ont tellement conditionné que si je m'assieds avec mes écouteurs et que je mets la musique, ma capuche sur la tête, alors je me retrouve malgré moi dans une sorte de concentration favorable à l'écriture. Je me suis donc auto-manipulé avec bienveillance !

1. Et que penser du fait d'avoir été incapable de lire « Atchik atchik atchik » sans le crier dans votre tête…

Les publicitaires et les médias ne sont pas en reste pour exploiter à leur compte le réflexe de Pavlov. Parfois dans un but artistique, c'est le cas par exemple des musiques de film qui nous plongent dans l'ambiance émotionnelle souhaitée par le réalisateur. Parfois dans un but que je n'arrive pas moi-même à bien expliquer. C'est le cas par exemple de la bande-son du journal télévisé de la chaîne TF1.

LE SECRET DU JT DE TF1

Ce générique a été décortiqué par l'humoriste, parolier et compositeur Serge Llado. Dans sa chronique radio sur Europe 1, le 11 décembre 2006, il révèle pourquoi cette musique nous conditionne à l'angoisse, au suspense... Pour créer ce son si caractéristique du JT, le compositeur a pris la mélodie récurrente du film... *Les Dents de la mer* ! En changeant légèrement la tonalité, en ralentissant le rythme pour le suspense et en poussant le volume pour l'angoisse.

Voici comment TF1 a profité du conditionnement qu'avait eu ce film d'horreur sur la population pour capter toute notre attention. J'imagine que si c'est angoissant, c'est que l'information est importante au point que l'on ne zappera pas...

On retrouvera aussi une forme de conditionnement dans les publicités de sodas sur les distributeurs, où les bouteilles en photos sont tellement fraîches qu'elles ruissellent encore de gouttes d'eau. Ou encore la publicité pour le casque Sennheiser de 2013 : une énorme affiche avec Bob Sinclar prenant presque la moitié de l'espace disponible, casque au cou (même pas sur ses oreilles) où le DJ est collé contre une femme visiblement nue, bouche ouverte, entremêlant ses doigts dans le câble du casque sur le torse même de la star de la musique. Ah, et petite précision : l'image du casque prend à peine 8 % de l'espace de l'affiche et sans aucun détail technique sur ce qui pourrait le différencier des autres casques. Un conditionnement mêlé à une promesse de femmes pleines de désir si l'on porte ce casque, qui ne ferait même pas couler une goutte de salive aux chiens de Pavlov...

LES BASES DE LA SOUMISSION

Si vous aimez le sujet de la manipulation et de la psychologie, vous allez assez rapidement vous retrouver face à l'expérience la plus célèbre du domaine : l'expérience de Milgram. C'est un classique du genre qui fait autorité depuis que Stanley Milgram, chercheur à Yale au début des années 1960, a écrit le livre *Soumission à l'autorité* en 1974.

Il est essentiel, et incontournable, que j'aborde cette expérience dans l'ouvrage que vous lisez actuellement. Si jamais vous connaissiez déjà cette expérience, je vous invite quand même à lire ce chapitre que je vais agrémenter de données récentes au sujet de la soumission.

Lorsque l'on parle de manipulation, on parle indirectement de soumission, de refus de soumission, de compromis, de coopération, etc. Car les questions qui restent souvent en suspens sont « Pourquoi la personne a accepté ? » ou « Est-ce que la personne avait compris la manipulation en cours ? ». L'expérience de Stanley Milgram consiste à mesurer et quantifier le degré de désobéissance des personnes lorsqu'elles font face à une figure d'autorité qu'elles jugent légitime et/ou de confiance.

Au début des années 1960, Milgram rédige une petite annonce qu'il fait paraître dans les journaux locaux. Cette annonce propose d'aider à participer à une recherche scientifique sur la thématique de l'apprentissage. L'expérience est, soi-disant, sur l'efficacité que génère une punition sur le processus cognitif de la mémorisation. À noter que l'annonce stipule que les participants percevront une indemnité de 4 dollars pour une présence d'une heure environ, ainsi qu'un défraiement de 0,5 dollars pour couvrir leurs frais de transport. Notez qu'un dollar de 1960 équivaut à environ 9 dollars de 2021. Les participants allaient donc pouvoir empocher l'équivalent actuel de 40 dollars pour une heure de présence à l'expérience. Une somme assez forte pour leur donner envie de s'appliquer, mais assez faible pour qu'elle ne parasite pas leurs comportements durant l'expérience.

Il y a en tout 636 participants différents qui s'inscrivent et un peu plus de 20 variantes du protocole de Milgram, c'est une information peu mise en avant dans les sujets traitant de cette expérience et nous y reviendrons plus tard.

Au jour et à l'heure convenus, les volontaires ayant répondu à l'annonce sont accueillis à l'université de Yale par les équipes de Milgram. Ils sont directement mélangés à d'autres (soi-disant) volontaires, en réalité les complices de Milgram (que nous appellerons « les comédiens »). L'important est que les participants pensent être avec d'autres participants pour une expérience sur la mémorisation. Un expérimentateur arrive, en blouse grise, comédien également, pour expliquer ce que va être le protocole expérimental.

L'expérimentateur a pour tâche d'expliquer qu'il y a deux rôles à pourvoir : celui d'enseignant et celui d'élève. Si l'élève est amené à se tromper, alors l'enseignant devra lui envoyer une décharge électrique en guise de punition. À ce moment-là, l'expérimentateur donne une décharge de 45 volts aux deux participants pour qu'ils puissent se rendre compte de l'intensité… mais également pour rendre plus crédible l'expérience qui va suivre. Une fois le protocole expliqué en détail, l'expérimentateur demande au participant et au comédien participant s'ils sont d'accord pour mener l'expérience.

Après leur accord, l'expérimentateur attribue donc les deux rôles par un tirage au sort volontairement truqué. Le rôle d'élève, ayant pour but de retenir une liste de mots et de la restituer, est attribué à un comédien. Le rôle d'enseignant, ayant pour but de donner les mots à retenir, de vérifier les erreurs et surtout d'infliger les punitions, est attribué au participant.

Sans le savoir, l'enseignant est donc le seul à participer à une expérience. Non pas sur le thème de la mémorisation mais bel et bien sur la recherche des différents seuils d'obéissance de l'être humain. Ce que l'on a appelé plus tard « la soumission à l'autorité ».

Le participant comédien est mis à l'écart le temps de l'expérience, derrière une cloison séparatrice, et se fait attacher à ce qui semble être une chaise électrique. L'enseignant voit cette préparation, toujours dans le but de crédibiliser la suite. L'enseignant est ensuite placé à son poste, de l'autre côté de la cloison, derrière un bureau où se trouve une liste de mots qu'il doit faire mémoriser à l'élève, ainsi que différents boutons et manettes servant à envoyer les décharges électriques punitives. L'expérimentateur explique alors qu'à chaque erreur de l'élève, l'enseignant doit envoyer une décharge, et qu'à chaque erreur que fera l'élève, l'enseignant devra augmenter la décharge de 15 volts, inlassablement. Enfin, il lui est demandé d'annoncer à l'élève la puissance de la décharge avant de l'envoyer.

C'est à ce moment que commence la véritable expérience ! Évidemment, le comédien ne recevra jamais aucun choc électrique mais il devra simuler sa réception, avec une liste de réactions précisées dans un protocole :

➡ À partir de 75 volts, le comédien doit gémir, assez fort pour que l'enseignant l'entende à travers la cloison.

➡ À partir de 120 volts, le comédien doit dire à l'enseignant qu'il a mal.

➡ À partir de 135 volts, le comédien doit hurler de douleur.

➡ À partir de 150 volts, le comédien doit prier et supplier pour que l'expérience soit arrêtée et qu'on le libère.

➡ À partir de 270 volts, le comédien doit pousser un cri, très violent.

➡ À partir de 300 volts, le comédien doit annoncer qu'il ne répondra plus à aucune question, qu'il veut arrêter (mais il est précisé à l'enseignant que l'absence de réponse doit être considérée comme une erreur... donc soumise à la punition).

➡ À partir de 450 volts (il faut savoir que la manette correspondante contient la mention « Attention choc dangereux »), l'expérience arrive à sa fin. Si cette décharge maximale est envoyée trois fois d'affilée, alors l'expérimentateur annonce la fin de l'expérience.

Comme vous vous en doutez, les participants avaient régulièrement envie de stopper l'expérience pour ne pas infliger de douleurs inutiles à l'autre participant comédien. L'expérimentateur devait alors agir en parlant à l'enseignant. Il n'avait le droit de prononcer que quatre réponses, qui devaient être données dans cet ordre précis :

1. « Veuillez continuer s'il vous plaît. »

2. « L'expérience exige que vous continuiez. »

3. « Il est absolument indispensable que vous continuiez. »

4. « Vous n'avez pas le choix, vous devez continuer. »

Si, après que l'expérimentateur avait prononcé ces quatre phrases, l'enseignant décidait de s'arrêter, alors l'expérimentateur annonçait la fin de l'expérience.

Une fois l'expérience terminée, sur abandon du participant ou après qu'il ait envoyé trois fois de suite la plus grosse décharge, l'expérimentateur expliquait au participant qu'il s'agissait d'une autre expérience. Il appelait le comédien qui révélait qu'il n'avait reçu aucune décharge. Le participant devait alors coucher sur le papier son ressenti et les raisons qui l'avaient poussé à envoyer les décharges. Un soin particulier était pris pour que le participant ne se sente pas coupable ou honteux.

Dans son ouvrage paru plus de dix ans plus tard, Milgram explique et démontre que le taux d'obéissance était de 65 % en moyenne, avec des pics au-dessus de 92 % selon les protocoles. Ce qui est très étonnant puisque, encore une fois, les expérimentateurs n'avaient que quatre phrases simples à prononcer en cas de doutes ou de questions de la part du véritable participant. Milgram explique que cette soumission se modélise en trois stades :

- Premier stade : il s'agit des conditions préalables à l'obéissance, qui interviennent avant même l'expérimentation. Elles sont formées par l'éducation que le participant a reçue de sa famille et par le fait qu'il considère la cause comme juste. Dans l'expérience de Milgram, les participants sont persuadés du bien-fondé de l'expérience scientifique à laquelle ils participent.

- Deuxième stade : l'état d'obéissance du participant, que Milgram appelait « l'état argentique ». Il s'agit principalement de l'abandon de ses propres responsabilités pour les transférer à une figure d'autorité. Dans l'expérience de Milgram, les participants reconnaissent l'expérimentateur comme une autorité légitime qui sait mieux qu'eux-mêmes ce qu'il faut faire ou pas.

➧ Troisième stade : le maintien en obéissance des participants. Pour éviter la dissonance cognitive, les participants communiquent leur anxiété en soufflant, en disant « je m'excuse » tout en envoyant la décharge, etc. Ils ont besoin de se rappeler à eux-mêmes qu'ils sont en désaccord avec l'ordre... qu'ils exécutent quand même.

À ce jour, les résultats de cette expérience font pleinement partie de la culture générale de la psychologie et de notre rapport à la soumission. Jusqu'à ce que récemment, la psychologue australienne Gina Perry se mette à consulter les archives de Milgram, ses documents de travail, ses bandes audio, etc. Elle ira même jusqu'à rencontrer d'anciens participants à l'expérience pour les interroger.

Ce qu'elle a trouvé, puis publié dans le livre *Behind the Shock Machine – The Untold Story of the Notorious Milgram Psychology Experiments*[1] est édifiant. Tout d'abord, l'expérimentateur n'avait le droit qu'à quatre relances auprès du participant, sinon le test s'arrêtait. Mais cette condition a été par la suite annulée par Milgram, avec des cas surprenants, comme celui où l'expérimentateur a dû insister 26 fois auprès d'une participante qui voulait arrêter et qui cédera finalement à la pression de l'expérimentateur. Une autre participante avait signifié son refus de continuer en débranchant littéralement la machine qui était devant elle : le message était clair. Pourtant, l'expérimentateur a rallumé la machine, contrairement à ce que prévoyait le protocole.

Mais le véritable point qui dérange est la crédulité des participants à l'expérience. Combien d'entre eux avait compris que tout cela n'était peut-être qu'une simulation et que le deuxième participant était en fait un comédien qui simulait ? Selon Milgram lui-même, à la lecture de ses notes, 56 % des participants ont confié qu'ils ne croyaient pas vraiment

1. Éditions Scribe, 2012.

en la réalité de l'expérience pendant qu'ils la faisaient (sans en être persuadés à 100 % pour autant).

La note la plus saisissante, qui ne fut pas publiée par Milgram mais retrouvée dans ses archives de travail, dit la chose suivante : « Est-ce de la science significative ou simplement du théâtre efficace ? Je suis enclin à accepter cette dernière interprétation. »

Milgram lui-même doutait de sa propre expérience, ce qui ne l'a pas empêché de jouer avec les chiffres pour qu'ils parlent en sa faveur. Le chiffre tant mis en avant de 65 % de soumission à son dispositif est en réalité le résultat de la soumission à partir de 300 volts (où le comédien ne se plaignait plus) pour la petite partie (moins de la moitié) des participants étant arrivée à cette puissance de voltage (et admettant qu'ils croyaient en la réalité de l'expérience).

Milgram a-t-il manipulé les chiffres ? Oui et non. Il en a fait une conclusion arrangeante (en utilisant des résultats honnêtes mais qu'il sélectionnait selon son bon vouloir) dans le but de montrer l'intérêt de ses travaux. C'est surtout la mise en scène spectaculaire de cette expérience et ses différents relais médiatiques au fil des années qui font que nous connaissons ce protocole comme nous connaissons des histoires ou des contes. Et la nature humaine a fait que nous avons malgré nous tendance à rendre *l'histoire* captivante, quitte à ne pas s'encombrer des éléments qui lui font perdre sa puissance narrative alors qu'ils sont nécessaires pour le jugement critique. Cette remise en cause de Milgram témoigne d'une prise de recul actuelle du monde de la psychologie quant aux études du passé que nous avions l'habitude de croire aveuglément.

Passons maintenant à la conclusion de tout cela. Vous avez compris que je suis passionné par le cerveau, par son fonctionnement, par la science et par tout ce qui peut tromper notre esprit ou l'influencer. Seulement, parfois, la science et l'illusion se rejoignent au sein même des expériences en psychologie. Il est essentiel, si vous vous intéressez à la manipulation, de constater que même les références de travail sur la manipulation sont parfois elles-mêmes... des manipulations ! La science se corrige, se complète, se contredit parfois dans le temps. Il est essentiel de rester humble face à nos connaissances et ouvert d'esprit pour se tenir informé régulièrement. En restant alerte, j'ai découvert à quel point l'expérience de Milgram portait davantage sur l'intimidation que sur l'obéissance. Cela a été douloureux mentalement de changer quelque chose sur lequel je m'appuyais depuis des années, mais cela m'a aidé à avancer.

LES POINTS À RETENIR

C'est comme cela que j'ai compris que l'on accepte plus souvent les mauvaises manipulations à notre égard pour évacuer la pression que l'on subit (ce qui constitue au final la véritable conclusion que l'on peut donner à l'expérience de Milgram), plutôt que par un manque d'alerte de notre cerveau. J'espère donc avec ce chapitre renforcer votre esprit critique qui doit toujours rester actif.

LA MANIPULATION AU QUOTIDIEN

Rien de mieux pour terminer cette première partie et appréhender les mécanismes volontaires et involontaires de la manipulation, que deux anecdotes que nous aurions tous pu vivre. En vous plongeant dans le quotidien de Jérôme, je vais vous montrer où se cachent les bonnes et les mauvaises manipulations, comment les déjouer lorsque c'est nécessaire et vous comprendrez pourquoi Jérôme doit se faire confiance.

CAS QUOTIDIEN NUMÉRO 1 : POUR UN SIMPLE SERVICE

Nous sommes vendredi et Pierre, un ami de Jérôme, lui a proposé de passer chez lui pour boire un verre. Jérôme décide d'y aller après sa journée de travail et arrive chez Pierre. La promesse de décompresser un peu en prenant un verre et en discutant de tout et de rien était assez motivante pour faire un détour de quelques kilomètres avant de rentrer chez lui.

Dans le cerveau de Jérôme, il y a déjà eu un arbitrage ! Jérôme, en fin de semaine, a hâte de rentrer chez lui, fatigué par son travail. Pierre habite dans la direction opposée de chez Jérôme. Inconsciemment, Jérôme a mis en balance l'inconvénient de faire un détour en voiture, de conduire plus longtemps et de dépenser de l'essence, avec le plaisir qu'il aurait de voir son ami et de passer du temps avec lui. D'ailleurs, Pierre n'a pas son permis et comme ils habitent loin l'un de l'autre, il y a fort à parier que Jérôme ait pris en compte le fait que c'est plus simple pour lui de venir plutôt que son ami fasse le trajet jusqu'à chez lui. En permanence, notre esprit pèse des avantages, des inconvénients, pour arbitrer entre plusieurs options.

Jérôme, assis, prend un soda en discutant avec Pierre. Il voit qu'il y a des cartons dans la pièce et demande à Pierre ce qu'il fait. Pierre lui explique qu'il va déménager dimanche, que c'est une bonne nouvelle car il a trouvé un appartement bien plus agréable, mais qu'avec la rapidité à laquelle les bons produits sont loués, il a dû se décider très vite. Plus tard dans la conversation, après que Jérôme a parlé de son état de fatigue liée au travail, Pierre lui demande quels sont ses projets pour le week-end. Jérôme lui répond que justement, il a fait en sorte d'être tranquille et n'a rien prévu pour pouvoir se reposer complètement.

En réalité, Pierre a une idée précise en tête : demander à Jérôme de l'aider pour déménager... et d'utiliser sa voiture pour ça. Mais en voyant Jérôme se plaindre d'être fatigué, Pierre ne sait plus trop comment lui adresser sa requête. Il y va en tâtonnant et procède à une discrète collecte de données qui commence par vérifier la disponibilité de Jérôme dimanche. Il est impossible pour Jérôme de savoir qu'il y a un autre but derrière, cela reviendrait à remettre en cause toutes les phrases de ses amis. Il n'a aucune raison de ne pas répondre sincèrement.

Pierre prend son courage à deux mains et dit :

— Écoute, je sais que ça n'est pas le moment pour toi et je m'en veux beaucoup de te demander ça, mais dimanche, je ne pourrais jamais descendre ma machine à laver tout seul. Tu pourrais passer me donner un petit coup de main ? C'est vite fait. Là, je te demande parce que je n'ai pas le choix. Si jamais tu veux bien, je te rendrai la pareille bien sûr.

Pierre a posé la question en présence de Jérôme, ce qui en soi rend le refus de Jérôme plus compliqué que par téléphone ou par SMS. En effet, Pierre se positionne comme une victime avec des phrases comme « je suis désolé », « je m'en veux », « je n'ai pas le choix ». Il minimise sa demande avec des adjectifs comme « petit coup de main » ou en précisant que c'est rapide. Il met directement Jérôme en position de sauveur, et en précisant qu'il lui rendra la pareille, il met avant le fait qu'en rôles inversés, lui aurait accepté d'aider son ami. L'ensemble manipule les émotions de Jérôme qui se sent coupable d'avance s'il refuse...

Jérôme accepte, finit son verre et rentre chez lui. Dans la voiture, il regrette d'avoir accepté mais ne se voit pas rappeler Pierre pour refuser maintenant. Il cherche une excuse qui justifierait le fait de ne pas y aller et commence à élaborer des scénarios délirants pour se dédouaner auprès de Pierre.

Mais si Jérôme veut refuser, il faut qu'il le fasse frontalement, en disant qu'il a réfléchi et qu'il ne peut pas prendre le risque de ne pas être parfaitement reposé à la fin de son week-end. Mentir reviendrait d'une part à manipuler de la mauvaise manière son ami et à admettre qu'il n'est pas légitime à refuser. Car s'il considère avoir le droit de dire non, il n'a pas à mentir pour se justifier.

Le dimanche matin arrive et Jérôme se présente à l'heure convenue devant le studio de Pierre. Après un café et des viennoiseries généreusement préparées par Pierre, les deux amis déplacent la machine à laver jusqu'au rez-de-chaussée. Jérôme demande dans quoi la charger et Pierre répond :

– Bah je sais pas trop comment faire. Je vais déménager les cartons en faisant des allers-retours en bus comme j'ai pas le permis. À la limite, on peut utiliser ta voiture pour la machine ? Ça me dépannerait tellement.

Et ça tombe bien puisque la voiture de Jérôme est à quelques mètres à peine ! Quel hasard !

La spirale de l'engagement et du « oui » a commencé ! Plus Jérôme dit oui et plus il va avoir du mal à refuser car il a besoin de cohérence dans son comportement. Il faut également prendre en compte que, comme les demandes sont rajoutées petit à petit, Jérôme ne prend plus en compte la demande dans sa globalité mais au cas par cas. La charge est progressive. Il trouve presque incohérent de dire non, mais ses émotions lui indiquent que ça n'est pas ce qu'il veut. Inconsciemment, Pierre sait tout ça et met toutes les chances de son côté.

Nous retrouvons donc Jérôme et Pierre en voiture, Jérôme conduisant sur le trajet et Pierre lui rappelant à quel point il lui sauve la mise, que c'est agréable de pouvoir compter parmi ses amis quelqu'un d'aussi généreux que lui. Il lui explique d'ailleurs qu'il avait demandé à d'autres amis communs et que personne ne lui avait répondu, qu'on vit une époque vraiment égoïste et que les personnes comme Jérôme se font rares.

Une belle leçon de flatterie. Pierre montre du doigt un ennemi commun, « les autres », pour mettre en avant que Jérôme est unique avec de grandes qualités de gentillesse. Il prépare le terrain pour la suite, pour ne pas déménager en bus (ce qui n'a jamais été son projet d'ailleurs). Avec un peu de chance, Jérôme va lui proposer cette solution de lui-même.

Pierre dit :

– En tout cas, merci encore. Avec les cartons que l'on a chargés en même temps que la machine à laver, je vais avoir à faire dix ou douze allers-retours en bus et ça sera bon. Je regrette vraiment de pas avoir mon permis parce qu'en un ou deux coups de voiture maximum, j'aurais pu tout emmener.

J'avais omis de vous dire que Jérôme et Pierre sont remontés pour aller chercher des cartons... Tant qu'à emmener la machine à laver, autant remplir la voiture... Pierre vient maintenant de mettre la responsabilité de la suite de sa journée entre les mains de Jérôme. Soit il fait deux allers-retours supplémentaires en voiture (car Pierre sait pertinemment qu'un ne suffira pas), soit il laisse son ami Pierre déménager à coups de deux ou trois cartons en bus en une dizaine d'allers-retours, de manière éprouvante. Il devient responsable des difficultés de Pierre.

Jérôme répond :

— Laisse tomber, on va faire les deux allers-retours avec ma voiture et c'est réglé.

Jérôme n'a pas le sourire en disant ça, mais il sait qu'il n'a plus le choix (du moins, c'est ce qu'il croit), il vient donc de terminer cette manipulation en répondant à une requête implicite habilement formulée par Pierre. Il n'a même pas encore pris conscience qu'en plus des allers-retours, il allait devoir descendre les cartons de l'ancien appartement et les monter dans le nouveau. Voilà comment Jérôme est rentré en fin d'après-midi chez lui, en se demandant encore comment il avait pu se faire avoir au point de faire ce déménagement au lieu de se reposer.

Terminons cette histoire en se demandant ce que Jérôme aurait pu faire. Ne pas aller boire ce verre vendredi soir ? Non, l'amitié, ça n'est pas se méfier de tout. Il aurait pu tout simplement se donner le droit de refuser à tout moment, il aurait pu proposer de descendre la machine à laver le vendredi soir pendant qu'il était là, il aurait pu proposer d'y réfléchir et donner sa réponse plus tard, etc. Ses émotions lui indiquaient en permanence qu'il vivait quelque chose qui n'allait pas, c'est sa peur de l'incohérence, du conflit ou d'être moins aimé de son ami qui lui a fait tout accepter. Dans une situation comme celle-là, il en va de la responsabilité du manipulé de stopper le processus, avec calme et bienveillance, en disant : « Je suis désolé, si tu m'avais prévenu plus tôt, j'aurais pu te dire non pour que tu t'organises autrement. Mais pour ce dimanche (ou « pour le reste de la journée »), j'ai besoin de reprendre des forces pour ma semaine à venir. Veux-tu que je t'aide à réfléchir à une autre solution ? Tu pourrais peut-être décaler ta date de déménagement pour faire appel à des déménageurs ? » Quoi qu'il arrive, il n'aurait pas dû laisser quelqu'un, même un ami, prendre le pouvoir sur ses émotions dans le but d'obtenir quelque chose.

CAS QUOTIDIEN NUMÉRO 2 : POUR UN SIMPLE PRODUIT

Le week-end suivant, Jérôme se décide enfin à changer sa télévision fatiguée, qui lui a été fidèle une dizaine d'années. Soucieux de son impact environnemental, Jérôme a emmené sa compagne du soir se faire recycler. Sur le retour, il décide de s'arrêter chez une enseigne connue en qui il a confiance.

Mais d'où lui vient cette confiance ? Il est intéressant de se dire que Jérôme ne s'oriente pas sur une marque ou un modèle, mais plutôt sur une enseigne de revendeur. Cette enseigne met en avant une communication forte sur la confiance entre elle et ses consommateurs, les parents de Jérôme allaient déjà là-bas. Une sorte de conditionnement s'est établie au fur et à mesure des années sans que Jérôme ne s'en rende compte.

En rentrant dans le magasin, Jérôme se rend directement au rayon audiovisuel et commence à regarder les téléviseurs. Il a un budget assez précis en tête et regarde les écrans. Il est bluffé par la qualité de certaines images, si belles, si lumineuses.

C'est une technique de manipulation assez connue dans le milieu de l'image : mettre les téléviseurs que l'on souhaite vendre à proximité de téléviseurs plus bas de gamme, où la luminosité et le contraste ont été un peu... amoindris... dans les réglages. Au royaume des aveugles, les borgnes sont rois et les téléviseurs vedettes ont l'air d'avoir des performances encore plus stupéfiantes.

Une télévision retient l'attention de Jérôme, elle affiche un prix de 399,99 euros. Jérôme sait parfaitement qu'il s'agit d'une technique et comprend tout à fait qu'elle vaut en réalité 400 euros.

Pourtant, le cerveau de Jérôme va retenir une sensation liée à 300 euros, même si Jérôme a conscience du véritable prix, elle lui semblera plus abordable que si elle était affichée à 401 euros, alors qu'il n'y a que 2 euros de différence. D'ailleurs, Jérôme avait tablé sur un budget de 350 euros, cet affichage lui donne l'impression d'être toujours dans une fourchette raisonnable au regard de son budget initial.

Il est temps d'aller voir un vendeur. Jérôme en aborde un qui lui propose d'aller voir d'autres modèles, mais Jérôme refuse, il se méfie des vendeurs et veut garder le pouvoir sur sa décision d'achat.

Pourtant, Jérôme aurait pu justement être ferme en disant qu'il avait un budget maximum de 350 euros et aurait pu demander à un vendeur de lui montrer les modèles de cette gamme pouvant répondre à ses besoins. Il ne faut pas se priver des conseils des professionnels mais simplement se poser une limite et la respecter.

Jérôme suit le vendeur afin d'établir le bon de vente. Le vendeur prend le temps de lui expliquer qu'il y a une bonne offre si Jérôme achète en même temps le système de son proposé en package avec cette télévision. Jérôme doute, l'offre a l'air séduisante mais elle lui ferait dépenser encore plus.

Que faire dans ce cas-là ? Il est fort possible que le vendeur soit commissionné, ou bien qu'il ait des objectifs de chiffres à assurer. Quoi qu'il arrive, c'est son métier de vendre autant que possible, cela ne veut pas dire qu'il ne va pas proposer d'offres intéressantes. Jérôme devrait déjà se renseigner sur le système de son, connaître son prix seul, le comparer à d'autres, et surtout se demander s'il comptait investir un jour dans un tel système. Il n'a d'ailleurs pas pu juger de la qualité sonore de sa future télévision. En clair, si Jérôme se pose la question, il pourrait prendre le temps de reporter son achat. Des offres « télévision + système de son » existent toujours, et si Jérôme décide que c'est l'achat qu'il cherche à faire à compter de maintenant, cela annule sa recherche de télévision seule. Il devrait choisir un nouveau budget et comparer les différentes offres des différentes enseignes.

Jérôme refuse finalement l'offre. La télévision qu'il a sélectionnée est déjà en dehors de son budget initial, c'est la raison qu'il invoque pour expliquer son refus au vendeur. Seulement, cet employé n'a que des solutions ! Il lui explique qu'en prenant la carte de fidélité du magasin, il peut bénéficier d'un paiement en plusieurs fois via un crédit à la consommation avec leur partenaire bancaire.

Incroyable de se dire qu'au départ, Jérôme n'avait qu'un seul besoin. Un deuxième besoin lui a été proposé, ce qui a causé un problème, et le vendeur vient résoudre ce problème. C'est une stratégie manipulatrice classique où le vendeur semble presque en empathie avec le client. Mais Jérôme ne doit pas souscrire, il est plus que probable qu'un prêt à sa banque serait plus avantageux que le crédit qui lui est proposé aujourd'hui.

Et heureusement, Jérôme refuse. Il va enfin pouvoir régler et récupérer son achat. Le vendeur lui propose également une extension de garantie de 3 ans, en plus de la garantie constructeur. Jérôme se dit qu'il serait dommage effectivement de devoir payer un jour une réparation, surtout qu'il aimerait garder ce nouvel appareil aussi longtemps que le précédent.

Mais voilà... Est-ce que Jérôme en a réellement besoin ? Le vendeur, là aussi, touche probablement une commission directe sur cette vente. Il va donc jouer sur les peurs de Jérôme et minimiser le prix de l'assurance pour stimuler l'adhésion de Jérôme. Ce qui est amusant, c'est que quelques minutes avant, le vendeur louait la qualité de cette marque de télévision.

Jérôme accepte l'extension de garantie après avoir discuté avec le vendeur car il s'inquiète des frais que pourrait lui causer l'usure de son appareil.

Dommage car Jérôme avait été assez agile pour éviter les pièges. Il vient donc de débourser entre 14 % et 25 % du prix de sa télévision pour une garantie de 5 ans. Seulement, les deux premières années sont légalement couvertes par le constructeur, donc ce qu'il vient de payer ne concerne que les trois années supplémentaires. En général, les défauts surviennent au cours des deux premières années (couvertes par la garantie constructeur), et les pannes liées à l'usure surviennent en général au bout de cinq ans... durée maximale d'extension de garantie proposée par les enseignes. Enfin, si Jérôme avait été attentif, il se serait rappelé qu'il avait choisi une carte de crédit un peu plus cher il y a quelques années à sa banque car son conseiller lui avait dit que ça lui octroyait une extension de garantie automatique sur ses achats électroménagers. Espérons que Jérôme s'en souvienne car la Fédération française des assurances prévoit un délai de renonciation de quatorze jours pour ce type d'assurance, et même d'un an sans frais ni péna-

lité avec remboursement de la période de cotisation non couverte. Ne pas le préciser explicitement est encore une forme de manipulation de l'information...

Terminons cette histoire quotidienne pour rappeler que Jérôme n'est ni pire ni meilleur que nous. Dans le magasin, il a même peut-être fait quelques achats impulsifs à la caisse, en faisant la queue, grâce aux bacs intelligemment disposés le long du « parcours client ». Il a peut-être été attiré par ce téléviseur grâce à l'esprit d'appartenance d'une marque forte, etc. Dans le commerce, les techniques de manipulation sont partout, ni bonnes ni mauvaises, elles servent le but avoué de finaliser la vente. Le seul moyen pour Jérôme de ne pas agir au gré de ces réactions spontanées aurait été de prendre le temps en amont, chez lui, pour se renseigner sur ses besoins réels, son budget réel et le marché actuel des différentes marques, modèles, offres... Il aurait ainsi pu se tenir à une décision mûrement réfléchie.

LES MÉCANISMES DE LA MANIPULATION

LE SAVOIR, C'EST LE POUVOIR

Socrate a dit un jour : « Je ne sais qu'une chose, c'est que je ne sais rien. » Dans sa quête de sagesse, Socrate voulait faire part de son doute quant au fait de croire que l'on possède « la » connaissance. Ce n'est d'ailleurs pas le seul à faire ce constat puisque Galilée dira : « Plus j'apprends, plus je m'aperçois que je ne sais pas. » Et dans le fond, c'est complètement paradoxal puisque savoir que l'on ne sait rien… c'est déjà savoir quelque chose ! Mais leurs déclarations suivent un long processus de réflexion qui aboutit à une forme d'humilité concernant leur propre connaissance et qui inclut la grande part d'ignorance que nous avons tous en nous. L'ignorance et la connaissance ont justement un rôle à jouer dans l'anti-manipulation.

L'être humain a besoin d'être sûr de lui, de prendre les bonnes décisions. Notre cerveau n'est pas fait pour reconnaître nos manques, nos faiblesses. Posez une question à quelqu'un sur n'importe quel sujet et vous aurez sûrement une réponse, un avis… même si cette personne n'est pas certaine de ces derniers.

À noter que la réponse est d'autant plus affirmative que la personne ne sait pas de quoi elle parle ! Moins nous maîtrisons un sujet et plus nous parlons avec force, aplomb et conviction sur ce même sujet... Cela porte un nom : l'ultracrépidarianisme.

Étienne Klein s'est beaucoup exprimé sur ce sujet lors de la pandémie de 2020 suite à la sortie de son livre *Le Goût du vrai*[1]. Il explique que le terme « ultracrépidarianisme » vient de la locution latine *Sutor, ne supra crepidam* qui signifie « Le cordonnier ne devrait pas parler d'autre chose que de chaussures ».

En résumé, plus nous sommes incompétents sur un sujet et plus nous en parlons avec assurance, avec un avis tranché.

LA POLÉMIQUE DE LA 5G

Prenons l'exemple de la 5G qui fait polémique depuis quelques mois au moment où j'écris ce livre. J'assiste dans les médias à des discussions houleuses de quelques chroniqueurs « pour » son déploiement pendant que d'autres chroniqueurs sont complètement « contre », les mots fusent, les arguments tombent parfois comme des gifles, la tension entre les deux camps est réelle. Il suffirait pourtant que quelqu'un arrive en disant : « Lequel d'entre vous peut m'expliquer exactement ce qu'est la 5G, comment elle fonctionne, quel est le plan exact de déploiement sur le terrain et sur les appareils ? Pas d'explication sur ce que vous croyez savoir mais sur ce que vous savez réellement, de manière concrète. » La tension se transformerait aussitôt en une grosse gêne dans les deux camps.

1. Gallimard, 2020.

Rien à blâmer bien sûr, nous sommes tous comme ça, nos biais cognitifs nous « aident » à avoir rapidement un avis tranché. Vous avez sûrement un avis vous aussi sur le bio, les OGM, le nucléaire, les décisions politiques ou quelle voiture devrait acheter votre voisin. J'ai moi-même tendance à avoir des théories sur un peu tout...

Néanmoins, je vais vous faire une confidence : je suis un chanceux car je n'ai jamais de problème pour dire quand je ne sais pas quelque chose, quand je n'ai pas assez de données pour formuler un avis, ou encore, quand il n'y a pas vraiment de réponse mieux qu'une autre à une question que l'on me pose. Ne croyez pas que ça soit mieux, car je connais également le léger agacement que ça provoque auprès de mon entourage de ne pas répondre, je ne suis même pas capable de formuler une réponse simple si on me dit : « Tu crois que tel magasin sera ouvert samedi prochain ? » Là où la plupart des gens auraient répondu « sûrement » ou « je ne pense pas », moi je bloque sur « je n'en sais pas plus que toi ». Je pensais donc être immunisé à l'ultracrépidarianisme, mais en y réfléchissant longuement, je vois que j'y suis soumis au travers de mes actes. Un exemple simple : j'ai tendance à privilégier la nourriture bio, mais au final, je ne sais presque rien de cette appellation, quelles sont les obligations ou les interdictions pour les fabricants, etc. Je me suis fait un avis positif sur... rien (ou disons pas grand-chose). Et chacun de mes actes est issu d'une croyance de connaissances de ma part lorsque le domaine concerné m'est étranger.

Les seules personnes qui ne sont pas soumises à l'ultracrépidarianisme sont les (très) sages, ainsi que celles et ceux qui ont la vanité de croire tout savoir (... et donc qui sont en réalité en plein dedans, ils ont juste *l'impression* de ne pas y être soumis !).

Soyons honnêtes, ça n'est pas parce que nous sommes capables de répondre avec confiance que nous sommes au clair sur notre savoir – nous verrons ça dans quelques instants –, nous avons juste besoin de paraître confiants et sûrs de nous vis-à-vis des autres. Pour vous détailler comment cette illusion de savoir peut vous nuire face à une tentative de manipulation, j'ai besoin de vous raconter une anecdote.

TO SPEAK ENGLISH OR NOT TO SPEAK

Nous sommes en tournée avec mon équipe pour jouer aux Pays-Bas, précisément à Amsterdam. À nous les vélos et les paysages bucoliques ! Malheureusement non... La tournée d'un spectacle se résume bien souvent à passer une demi-journée dans une salle, une demi-journée en transports et une nuit à l'hôtel. Pour cette représentation, il s'agit d'un « privé », c'est-à-dire une prestation où je vais jouer mon spectacle dans les mêmes conditions qu'une représentation classique mais avec deux particularités : le lieu est un endroit loué pour l'occasion que l'on transforme en salle de spectacle, le public est composé uniquement des employés d'une société.

La société qui a acheté le spectacle est francophone, je jouerai donc le spectacle en français. Néanmoins, nous savons qu'en arrivant sur place, la langue officielle du lieu (un hôtel) et des techniciens locaux sera l'anglais.

Comme toujours, je suis accompagné par mes régisseurs (Gary et Diablo) et je ne me fais pas de souci pour eux. Les techniciens ont un langage universel entre eux et se comprennent toujours à force de gestes et de blagues (je pourrais écrire un livre entier sur nos conversations délirantes), ils ont tous le même objectif : que les conditions pour le spectacle soient les meilleures. Sans compter que mon Diablo a une vingtaine d'années de spectacles derrière lui, rien ne lui est impossible. Je me retrouve donc avec mon administrateur de tournée et je me demande s'il parle anglais. J'imagine que oui, sinon il m'en aurait parlé avant. Arrivé à l'hôtel, je le vois marcher moins vite que moi, tout semble l'intéresser sur le chemin. C'est très étonnant car, depuis des centaines de représentations ensemble, c'est toujours lui qui fonce littéralement au comptoir afin de vérifier que tout est en ordre pour le spectacle, pour vérifier les horaires et pour récupérer les clés des chambres pour tout le monde. Je commence à douter de son niveau d'anglais et j'assure donc le check-in puisque je me retrouve seul à la réception...

La situation m'amuse, sans jugement, et je décide de laisser avancer la situation pour voir ce que ça va donner. En temps normal, je reste toujours dans la salle du spectacle toute la journée pendant le montage technique, pour plusieurs raisons. D'abord parce que j'aime être avec mes gars, immédiatement disponible s'il y a un problème à résoudre ou si on a simplement besoin de moi. Ensuite parce que j'aime m'imprégner du lieu, je sens que mentalement, je bascule en mode « spectacle ce soir » au fur et à mesure que l'installation technique se fait. Si j'allais me balader dans Amsterdam comme un touriste, je n'aurais pas le bon état d'esprit le soir venu (et je ne parle pas d'aller dans un de leurs cafés « typiques »...). C'est important de rappeler que le spectacle vivant, c'est du travail, un travail.

Donc cette fois-là, exceptionnellement, je vais m'installer dans le hall de l'hôtel pour travailler. Je sais que si mes gars ont besoin de moi, je ne suis qu'à deux minutes d'eux, mais mon absence va obliger mon administrateur de tournée à gérer avec le client et les techniciens locaux.

Première phase. Je reçois des SMS de lui qui me demande, un peu insistant, dans combien de temps j'arrive. Je lui demande si on a besoin de moi, si Gary et Diablo veulent faire les balances (des tests de son et d'éclairage), il me répond que non. Je lui explique donc que je vais rester au calme à travailler.

Une heure plus tard, il déboule dans le hall, stressé comme jamais, et me demande de venir. Il m'explique qu'il y a un quiproquo pour les horaires du repas et du show, que je dois venir pour en discuter avec les personnes et les régisseurs. Je lui demande s'il ne peut pas régler ça et il me dit que c'est justement à moi de décider.

Me voici donc dans la salle, je parle avec les responsables et m'aperçois qu'il n'y avait pas vraiment de grandes décisions à prendre, ni de quiproquo. Simplement une barrière de langage entre eux et mon administrateur de tournée. Je lui demande d'ailleurs s'il n'avait pas compris ce qu'ils lui disaient et il me répond : « Si, si, mais c'est plus simple si c'était toi, quoi. » Nous (mes régisseurs et moi), nous sommes amusés à l'observer jusqu'au lendemain, jour de notre départ, en train d'éviter toutes les conversations en anglais pour ne pas y être impliqué.

Pourquoi a-t-il fait ça ? Parce que, consciemment ou inconsciemment, il n'est pas naturel ou spontané pour le cerveau de dire « je ne sais pas » à quelque chose qui semble simple. Pourtant, parler une langue étrangère n'est pas simple. Même si cette langue est parlée par beaucoup d'autres personnes. S'il m'avait demandé « Fabien je ne suis pas très à l'aise en anglais, tu pourras faire la traduction ? », je ne l'aurais pas jugé une seule seconde, moi-même ayant besoin de me remettre à niveau régulièrement et n'étant jamais très serein de devoir parler dans une autre langue.

Mais l'être humain ne voulant pas paraître faible dans ses capacités cérébrales et son savoir, il a préféré surnager dans un mensonge par omission, vivant vingt-quatre heures de stress intense… Alors que, vous l'aurez compris, nous avions tous un regard amusé, mais bienveillant, sur la situation. Personne n'était dupe de ce qu'il faisait.

Pour terminer ces explications, qui en apprennent long sur nous-mêmes (ne laissons surtout pas notre cerveau nous faire croire que nous sommes différents de ce que j'explique ici), je me dois d'aborder rapidement la *connaissance rétrospective*.

La connaissance rétrospective est le fait de ne prêter aucune attention à ce que l'on croit déjà savoir. En conférence, j'aime faire la chose suivante : poser une question en arrivant.

TEST

Faisons-le ensemble : « Quels sont les noms des trois bateaux de Christophe Colomb lors de l'expédition de 1492 ? »

Ne prenez que trois secondes pour les dire. Pas une de plus. Et passez à la suite.

...

Un grand nombre d'entre vous n'a pas pu répondre, sauf les férus d'histoire ou celles et ceux qui ont vu un document récemment sur le sujet. C'est normal. Pour tout vous dire, je viens de vérifier sur Internet car j'avais un doute sur le nom du troisième navire ! Cependant, quand j'ai vu le nom, je me suis dit : « Ah oui ! C'est vrai, je le savais ! »

Voilà un concentré pur de connaissance rétrospective : je viens de me dire « je le savais » alors qu'avant de regarder, je ne le savais pas ! On aurait pu me laisser trois heures devant ma feuille que je ne l'aurais pas plus trouvé. C'est en le voyant que j'ai vu que c'était familier, je l'ai déjà vu au cours de ma vie, mais je n'ai pas fait l'effort de vraiment le mémoriser. Le problème, c'est que, comme je croyais le savoir, je ne vais pas y prêter plus attention maintenant... donc je ne vais toujours pas le mémoriser ! C'est à moi de faire l'effort de me dire : « Non, Fabien, tu ne le savais pas, donc intéresse-toi à ces noms pour enfin les retenir. »

D'ailleurs, je ne vous ai toujours pas écrit la réponse ! C'est fait exprès... pour vous titiller un peu plus longtemps. Imaginez maintenant si j'avais commencé ce paragraphe par « Saviez-vous que les trois bateaux qui accompagnaient Christophe Colomb lors de l'expédition de 1492 s'appelaient La Santa-Maria, La Niña et La Pinta ? »... Vous seriez-vous dit « je le savais » ? Il y a fort à parier que oui. Lorsque je fais ce genre de test lors de mes conférences, c'est jusqu'à 90 % de la salle qui admet ne pas avoir la réponse à la base mais qui aurait cru le savoir.

L'ultracrépidarianisme, la peur de montrer que l'on ne sait pas, la connaissance rétrospective : voici les ingrédients qui me font dire que « le savoir, c'est le pouvoir », et par extension « être sincère sur ses propres connaissances est un autre pouvoir » (mais ça faisait trop long pour un titre de chapitre). Ces trois éléments font que nous nous manipulons nous-mêmes, et pas dans le bon sens. Ce sont évidemment trois portes grandes ouvertes sur les manipulations extérieures.

En effet, nous savons toujours, au fond de nous, ce que nous connaissons réellement ou pas, ce que nous maîtrisons ou pas. Si une personne semble s'y connaître plus que nous sur un sujet que nous ne maîtrisons pas, alors nous allons lui prêter du crédit de manière quasi automatique. Cet effet est sublimé par le lieu, la circonstance ou la casquette de l'individu (je ne parle évidemment pas de se protéger du soleil mais bien de sa fonction ou de son titre... sinon, on peut aussi parler de casquettes mais j'ai peur de ne pas m'y connaître assez, justement).

En admettant que l'on ne manque pas de connaissance sur un domaine, ou pour prendre une décision, on évite de se faire manipuler par notre propre « mensonge ». Si quelqu'un me demande d'adhérer à son avis sur un sujet que je ne maîtrise pas du tout (mais que j'ai feint de connaître), alors je serais tellement embêté qu'il y a de fortes chances que je le suive... alors qu'il est possible que cette personne n'en sache pas plus que moi, ou au contraire qu'elle se soit rendu compte que je n'y connaissais pas grand-chose.

UN AVIS POUR TOUS ?

Terminons sur un souvenir très marquant pour moi. Tout commence lors des manifestations contre le mariage homosexuel où des « experts » de toutes sortes prenaient la parole à ce sujet dans les médias. C'était le début des années 2010 et il fallait absolument avoir un avis. D'ailleurs, si on n'était pas « pour » alors on était automatiquement « contre », avoir un avis devenait une obligation. J'étais pour ma part complètement pour et j'argumentais en faveur du mariage pour tous. Pourtant, même sur ce sujet, je n'aurais pas dû avoir d'avis du tout ! Pas dans le mauvais sens du terme, dans le sens où je n'étais pas concerné donc mes arguments étaient du vent : je croyais savoir quelque chose.

Et c'est Alexandre Astier qui a le mieux résumé le recul nécessaire à avoir sur ce que l'on croit savoir pour parler de ces événements. Dans une interview qu'il a donnée pour le journal *20 minutes*[1], à la question « Que pensez-vous du mariage homosexuel ? », il répond : « Si les homos ont envie de se marier je peux pas en débattre, parce que je suis pas suffisamment homo pour savoir ce que ça veut dire que d'avoir envie de se marier. Je fais confiance aux homos pour savoir que s'ils demandent à se marier, c'est qu'ils en ont besoin. Après, ça ne me regarde plus quoi, j'en ai rien à foutre. Le truc, c'est que là, il y a un truc qui s'appelle la morale et qu'il y a une catégorie de la population qui essaie d'imposer sa morale aux autres alors que ça les regarde pas. » Belle leçon d'humilité, au lieu de dire « bien sûr qu'ils ont le droit », il dit en substance : « Ils savent mieux que nous, les hétéros – non concernés directement parce que non homosexuels –, ce dont ils ont besoin. »

1. Vous pouvez visionner l'interview ici : youtu.be/b20VToXHYv0

LES POINTS À RETENIR

En étant honnête sur l'état de vos connaissances, vous êtes moins manipulable. Se connaître et s'assumer permet de garder le contrôle et d'éviter les prises de position qui pourraient vous nuire ensuite au travers de vos mots ou de vos actes.

LE TRIANGLE DE KARPMAN

Continuons notre vol au-dessus des mécanismes primaires de la manipulation pour remonter un peu le temps et jeter un regard sur nos comportements. En 1968, le docteur américain Stephen Karpman, psychiatre, établit un modèle théorique qui va provoquer un tel bouleversement dans notre connaissance des jeux manipulatoires et psychologiques que certains médias spécialisés écriront qu'il a découvert la « théorie de la relativité » de la gestion de conflit. Cette connaissance changera sûrement votre rapport à la manipulation, que vous en soyez la cible ou l'instigateur.

Selon Karpman, on peut modéliser une relation occasionnant des souffrances sous la forme d'un triangle : le triangle dramatique. Ce triangle dramatique révèle le fonctionnement des jeux psychologiques occasionnant une souffrance et/ou une fatigue psychologique chez chacun des protagonistes. C'est sûrement la première fois qu'un modèle prend en compte la souffrance que peut vivre le manipulateur (même dans le cas où ce dernier posséderait de mauvaises intentions).

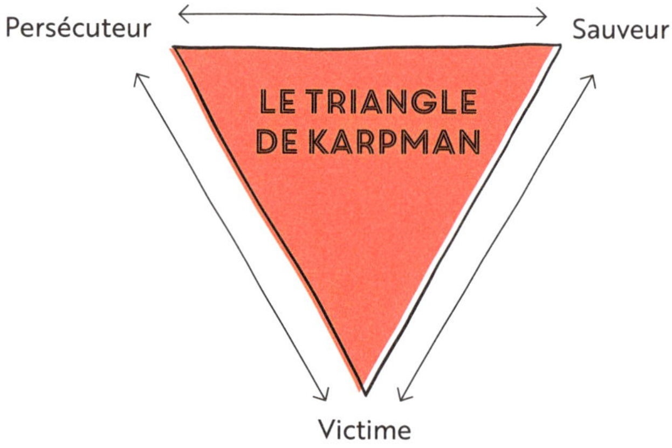

Chacun des sommets du triangle représente un rôle. Il y a la *victime*, le *persécuteur* et le *sauveur*. Le triangle étant équilatéral, chaque rôle se trouve à la même distance des deux autres rôles. Ces rôles sont des étiquettes indicatives car une personne peut souvent changer de rôle, parfois dans la même conversation !

Pourquoi ce triangle est considéré comme « dramatique » ? Parce que la réalité des observations montre que tous les rôles sont fatigants, épuisants psychologiquement. Ils font souffrir chacun des participants et personne n'en sort réellement vainqueur. Par ailleurs, le triangle suppose trois protagonistes mais le schéma se dessine également pour une relation entre deux personnes ou lors d'un conflit impliquant un nombre de personnes supérieur à trois. Dans tous les cas, les protagonistes peuvent parfois changer d'étiquette, mais dans les situations avec un grand nombre de protagonistes, les rôles sont tenus par des groupes entiers d'individus.

Comment cela fonctionne ? La victime se plaint et subit quelque chose, elle constate son triste sort. Le persécuteur va plutôt faire des commentaires cinglants ou ironiques, il va critiquer et dévaloriser. Le sauveur, quant à lui, ne peut s'empêcher de vouloir aider.

Le psychiatre américain et créateur de l'analyse transactionnelle, Éric Berne, distingue quatre mythes. Des légendes ancrées dans l'esprit des protagonistes, auxquelles ils croient inconsciemment (ce qui va les faire agir en conséquence). Pour l'anecdote, Éric Berne était le professeur de Stephen Karpman. Voici ces mythes :

- « J'ai le pouvoir de rendre les autres heureux. » C'est une croyance de sauveur, qui va avoir besoin d'une victime pour faire vivre son mythe.

- « Les autres ont le pouvoir de me rendre heureux. » C'est une croyance de victime, qui va avoir besoin d'un sauveur pour faire vivre son mythe.

- « J'ai le pouvoir de rendre les autres malheureux. » C'est une croyance de persécuteur, qui va avoir besoin d'une victime pour faire vivre son mythe.

- « Les autres ont le pouvoir de me rendre malheureux. » C'est une croyance de victime, qui va avoir besoin d'un persécuteur pour faire vivre son mythe.

Avant d'aller plus loin, rappelez-vous qu'être dans un de ces rôles n'est pas bon pour vous ni pour les autres. Il n'y a pas de bonne place dans ce triangle. Maintenant que vous connaissez ce triangle, vous allez le reconnaître dans beaucoup de conflits que vous voyez (dans votre vie ou même aux informations).

Vous devez absolument identifier votre rôle à chaque souffrance et en sortir au plus vite pour votre bien. Pour mettre fin aux manipulations qui vivent à travers ce jeu malsain, voici comment réagir.

NE PLUS ÊTRE LA VICTIME

Si vous pensez être dans le rôle de la victime, vous pouvez commencer par imaginer ce qui se passerait si plus personne ne s'occupait de vous. Il faut ensuite admettre que le changement ne peut venir que de vous, que vous devez vous responsabiliser, et peut-être parfois prendre le risque de vous confronter à certains problèmes. Cesser d'être victime ne signifie pas « couper les ponts » avec les autres, vous pouvez être épaulé par d'autres personnes mais cela doit être du soutien, pas de la prise en charge.

Dans le fond, lorsque nous sommes enfermé dans le rôle de victime (au sein d'une relation – je le précise de nouveau : être victime à un moment donné d'une relation ne veut pas dire que vous êtes constamment une victime), nous n'avons pas forcément envie que les choses évoluent. Lorsque quelqu'un nous persécute ou nous prend en charge, nous nous sentons exister.

NE PLUS ÊTRE LE SAUVEUR

Si vous pensez être dans le rôle du sauveur, vous pouvez commencer par vous demander si vous avez la compétence pour aider et si vous avez réellement envie d'aider la personne ou le groupe. Demandez-vous ensuite ce qu'il se passerait si vous n'aidiez pas et pourquoi il est si important pour vous de le faire. Vous constaterez qu'il s'agit souvent plus d'une relation à votre égo que d'altruisme pur. Cesser d'être le sauveur ne signifie pas cesser d'apporter de l'aide aux autres. Mais vous pouvez demander aux autres s'ils ont besoin de votre aide, de quelle manière vous pourriez les aider et vous devrez responsabiliser l'autre en lui laissant faire sa part du travail.

Au final, endosser la cape du sauveur est souvent une manière de fuir ses propres problèmes. On évite la dissonance cognitive en s'occupant des problèmes des autres afin de mieux ignorer les siens. C'est d'ailleurs pour toutes ces raisons que le sauveur se laisse vampiriser toute son énergie par la victime et le persécuteur.

NE PLUS ÊTRE LE PERSÉCUTEUR

Si vous pensez être dans le rôle du persécuteur, commencez par vous demander si vous n'êtes pas en train de reprocher aux autres des choses que vous voudriez vous reprocher à vous-même. Demandez-vous ensuite si vous n'essayez pas simplement de contrôler votre environnement, pour oublier entre autres que vous êtes imparfait. Cesser d'être persécuteur ne veut pas dire que vous ne devez plus avoir de caractère, de confiance en vous. Seulement, cette confiance ne doit pas dépendre de la souffrance d'un autre ou d'une confrontation avec un sauveur.

En somme, être persécuteur est bien souvent une incapacité à solutionner ses problèmes, ses faiblesses et ses souffrances. On rejette alors nos émotions négatives sur d'autres personnes. Ceci étant dit, il arrive que vous soyez persécuteur simplement parce qu'une autre personne se positionne comme étant votre victime, à tort ou à raison.

PETITE PAUSE : COMMENT ALLEZ-VOUS ?

Je vous pose la question car lorsque j'ai appris le fonctionnement de ce triangle dramatique, j'ai eu un peu mal. Mal d'affronter une réalité où je devenais responsable de beaucoup de choses dans ma vie, y compris mon bonheur. Mais à force d'observer ce schéma en action dans mes interactions, dans celles des autres, dans celles de groupes sociaux, j'ai commencé à l'admettre et à m'en extraire. Je suis loin d'être parfait et je glisse encore souvent dans le rôle de victime ou de sauveur, mais je l'identifie et m'en extrais au plus vite, parfois avec peine. Ces rôles sont « pratiques », ils existent justement parce qu'ils sont confortables pour l'esprit et nous évitent de nous avouer une vérité simple : nous devons être autonomes.

Si vous avez lu mes précédents livres (*Votre temps est infini* ou *Le bonheur est caché dans un coin de votre cerveau*), vous savez à quel point les notions d'autonomie et de liberté me sont chères. Sortir du triangle dramatique est le seul moyen de vivre pleinement ces notions, en passant dans un triangle vertueux... car oui, heureusement que notre monde est binaire : il existe toujours le contraire de quelque chose !

LE TRIANGLE VERTUEUX

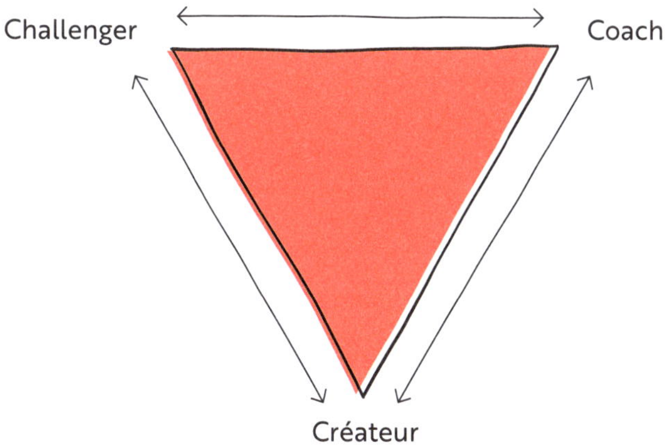

Chaque sommet du triangle vertueux représente de nouveau un rôle. Il y a le *créateur*, le *coach* et le *challenger*. Le triangle étant équilatéral, chaque rôle est à la même distance des deux autres rôles. Ces rôles sont encore une fois des étiquettes indicatives car une personne peut souvent changer de rôle. L'idée, lorsque vous vous identifiez à un des rôles du triangle dramatique, est d'adopter le comportement miroir du triangle vertueux.

Si vous vous êtes identifié au rôle de la victime, vous devez reconnaître votre vulnérabilité, votre souffrance. Puis faire un point très sincère sur la situation afin de déterminer votre responsabilité (pas nécessairement dans la cause de la situation mais dans le fait de pouvoir la faire évoluer). Vous passez alors dans le rôle de *créateur* qui se connaît, qui reconnaît qu'il n'est pas invulnérable mais qui décide d'être (et d'agir comme) responsable, il sait demander de l'aide, uniquement lorsque c'est nécessaire, et il formule des demandes concrètes.

Si vous vous êtes identifié au rôle du sauveur, vous devez aiguiser votre capacité à distinguer une demande d'aide de votre réflexe à prendre les choses en charge. Vous passez alors dans le rôle de *coach*. Le coach connaît ses compétences et ses limites, il sait attendre une demande explicite d'aide de la part de l'autre, il sait vérifier s'il a réellement envie d'aider et sait de suite s'il est compétent ou non pour le faire (le cas échéant, il sait reconnaître qu'il ne l'est pas).

Si vous vous êtes identifié au rôle de persécuteur, vous devez améliorer votre manière de communiquer pour être capable d'assumer vos opinions, de vous défendre en cas d'injustice, sans réduire la liberté des autres. Vous passez alors dans le rôle de *challenger*. Le challenger est à l'écoute et cherche à mieux comprendre les difficultés des uns et des autres, il n'hésite pas à énoncer des pistes de réflexion ou d'amélioration, sans jugement, avec bienveillance (dans le fond et dans la forme).

J'espère vous avoir fait découvrir ou redécouvrir d'une autre manière le triangle de Stephen Karpman. Il est important de le connaître pour éviter de se faire manipuler négativement en se laissant entraîner dedans, ou au contraire d'être un manipulateur dramatique à son insu en forçant les autres à rentrer dans son triangle. Certains manipulateurs sans foi ni loi connaissent ce triangle et n'hésitent pas à jouer avec vos émotions pour vous forcer à rentrer dans le rôle qui les arrangera. Ce faisant, vous serez à leur disposition, car les victimes, les sauveurs et les persécuteurs sont prévisibles... Et être prévisible, c'est être manipulable.

LES POINTS À RETENIR

Le triangle dramatique possède trois rôles : la victime, le sauveur et le persécuteur.
Le triangle vertueux possède les trois rôles opposés permettant de sortir du triangle dramatique : le créateur, le coach et le challenger.

LES BIAIS COGNITIFS

Voilà sûrement ce qu'il faut comprendre et connaître pour ne plus se faire manipuler… par vous-même ! Et bien sûr pour fermer la porte aux manipulateurs moins bienveillants que vous qui voudraient profiter d'avoir les plans de votre cerveau pour y faire ce qu'ils veulent (et quand on voit ce qui se pratique dans le marketing parfois, je trouve que cette métaphore n'est pas complètement exagérée…).

Les biais cognitifs représentent l'ensemble des jugements erronés faits par le cerveau. Pourquoi ils existent ? Pour notre survie probablement. En effet, le cerveau peut porter un jugement rapide sur une situation en contournant la pensée analytique, donc de manière intuitive, pour prendre des décisions immédiates. Cela a sûrement été utile dans le développement de notre espèce mais il faut admettre que nos jugements et nos prises de décision ne tiennent en général pas compte de toutes les informations pertinentes et ne passent pas par un véritable raisonnement.

En résumé, un biais cognitif est donc une déformation du raisonnement, transformant l'information de base en une autre. On peut distinguer deux types de biais très distincts :

1. Les biais issus d'un manque de ressources cognitives. Il manque alors des éléments, des informations, de la concentration, des capacités à raisonner ou simplement du temps pour que le cerveau puisse faire un véritable raisonnement analytique.

2. Plus fréquents, les biais émotionnels, de motivation ou encore moraux. Ils vont s'appuyer sur vos croyances, vos peurs et vos désirs tout en jouant sur vos émotions.

En 1970, les psychologues Daniel Kahneman et Amos Tversky constatent que, dans le milieu économique, des personnes pourtant qualifiées prenaient des décisions qui étaient manifestement irrationnelles. Ils commencent à chercher pourquoi et utilisent pour la première fois le terme « biais cognitif » dont le mot « biais » démontre bien que quelque chose a été dévié de sa trajectoire initiale.

Ces biais permettent donc au cerveau de ne pas perdre de temps et ne pas consommer trop de ressources, un peu comme le processeur d'un ordinateur que l'on voudrait économiser. Ils sont comme des raccourcis cérébraux permettant d'arriver plus vite à destination… sans vérifier si c'est la bonne.

Selon l'auteur Buster Benson[1], nous pourrions classer les biais en quatre catégories distinctes selon qu'ils s'activent :

- lorsque nous manquons de temps ;
- lorsqu'un ensemble manque de sens, ou que nous manquons de données ;

---

1. Buster Benson, auteur de livres de développement personnel, se définit lui-même ainsi : « *I'm a writer and builder of things.* »

- lorsque nous sommes soumis à trop d'informations d'un coup ;

- lorsque nous devons nous rappeler quelque chose.

Car oui, ils peuvent même donner du sens à ce qui n'en a pas ! Je me souviens du 22 avril 2017 où je prenais le train pour rentrer d'un spectacle. Sur le quai, je vois mon wagon et je remarque qu'en bas de celui-ci est noté une référence en lettres noires « 77VO17... ». Et le 22 avril est la date de naissance de ma sœur... née en 1977... dont les initiales sont VO... et qui habite dans le département de la Charente-Maritime (17). Le fait de trouver ça marquant et de l'avoir en tête trois ans plus tard est un biais de corrélation illusoire. Car mon cerveau a trouvé du sens entre des données qui ne sont pas liées entre elles.

Avant de vous expliquer la porte grande ouverte qu'offrent les biais cognitifs aux manipulateurs, et comment vous pouvez la refermer, voici un exemple concret issu des travaux de Hal R. Arkes et Catherine Blumer de l'université de l'Ohio et paru dans *The Psychology of Sunk Cost* en 1985.

Il s'agit ici du biais des coûts irrécupérables (soit les *sunk costs* en version originale) qui nous empêche de traiter convenablement un problème mettant en opposition les coûts irrécupérables qui ont déjà été dépensés et la décision de réaliser ou non un investissement.

L'exemple consiste à imaginer un jeune homme qui remporte le premier prix à un jeu-concours organisé par une radio locale. Ce premier prix est un billet gratuit pour assister à un match de football américain. Le gagnant du concours est très content mais, ne souhaitant pas y aller seul, il propose à l'un de ses amis de se procurer un ticket pour venir avec lui au match. Le jour J, quelques heures avant d'aller au match, le gagnant du jeu radio voit par la fenêtre qu'un énorme blizzard se lève. Il explique à son ami qu'il ne veut plus y aller, que passer trois heures sous une tempête ne vaut pas le coup par rapport à ce qu'ils vont vivre en regardant le match. Mais son ami n'est pas du même avis et lui dit : « J'ai pas envie de perdre 12 dollars ! J'ai payé pour ce ticket ! Je veux y aller ! » Et c'est là que le biais des coûts irrécupérables rentre en action. La logique économique voudrait qu'il ne considère que les investissements à venir versus le gain, et non pas ce qui a déjà été dépensé. De cette manière, il est évident que si les désagréments d'être assis dans le froid au milieu d'une tempête aveuglante sont plus forts que le plaisir de voir le match… alors il ne faut pas y aller. Peu importe les investissements qui précèdent la situation.

Les plus curieux d'entre vous peuvent retrouver sur Internet les huit expériences[1] mises en place par Arkes et Blumer qui expliquent ce biais, démontrant que notre décision irrationnelle vient compenser une dissonance cognitive générée par la perte potentielle de son premier investissement. C'est d'ailleurs ce biais qui est exploité au poker lorsqu'un joueur avec une main forte veut emmener un autre joueur à suivre une grosse mise. Il va le faire miser progressivement pour que son adversaire considère ce qu'il a déjà misé… plutôt que ce qu'il pourrait éviter de perdre en plus !

Vous avez rencontré plusieurs fois le terme « dissonance cognitive » depuis que vous avez commencé votre lecture. Même si le sens induit est facilement compréhensible, une définition n'est jamais superflue. Une dissonance cognitive est une sensation désagréable causée par une incohérence entre vos pensées, vos émotions, vos croyances et vos actes. Ce terme a été inventé en 1957 par le psychologue Leon Festinger. Le cerveau ne peut pas rester dans un état de dissonance cognitive et va chercher à l'éviter ou à la compenser à l'aide de justification, de soumission ou de persistance.

---

1. http://www.communicationcache.com/uploads/1/0/8/8/10887248/the_psychology_of_sunk_cost.pdf

EXEMPLE DE DISSONANCE COGNITIVE

Si j'ai acheté un équipement complet pour faire du sport et que je n'en fais jamais, je vais me justifier en expliquant que je n'ai pas assez de temps en ce moment et que je commencerai à une date clé (le mois prochain, à mon anniversaire, etc.).

Voici une liste de dix biais cognitifs majeurs que vous devez connaître et comprendre afin de pouvoir les identifier lorsque vous les subissez ou lorsque quelqu'un essaie de les utiliser pour vous manipuler. Pour le moment, lisez-les et essayez simplement de vous remémorer des souvenirs où vous, ou une autre personne, était sous l'influence du biais en question. Il est admis par les psychologues qu'il existe aux alentours de 180 biais cognitifs différents, ce nombre est probablement amené à évoluer dans les années à venir. Les dix que vous allez trouver ici ont été sélectionnés car ils sont très représentatifs des schémas dont vous devez vous méfier.

L'ERREUR FONDAMENTALE D'ATTRIBUTION

Un grand classique des biais cognitifs, malheureusement. Introduit en 1977 par le psychologue Lee Ross, ce biais représente notre tendance naturelle à sous-estimer les causes extérieures au profit des causes personnelles. Je pourrais reformuler en disant que ce sont les motivations d'une personne, ou ses efforts, qui expliqueraient sa situation, plus que les événements extérieurs.

QUELQUES EXEMPLES

- Le fait de penser qu'une personne au chômage depuis des années ne fait pas assez d'effort pour trouver un emploi.
- Si quelqu'un que l'on n'apprécie que moyennement rate son examen, on va privilégier la piste selon laquelle sa manière de réviser était mauvaise ou qu'il n'est pas intelligent.

Dans le premier exemple, la conjoncture montre la difficulté de trouver un emploi (et les études démontrent que les chômeurs préféreraient avoir un emploi même pour des revenus équivalents) et dans le deuxième exemple, il peut simplement s'agir d'un examinateur sévère, d'un sujet qui n'a pas été traité durant l'année, ou simplement de sa seule lacune dans la matière sur laquelle il était interrogé.

Nous sommes tous soumis à ce biais, il est très difficile de s'en extraire. Ce jugement hâtif est un accès simple à nos émotions pour les manipulateurs. Vous devez donc en avoir pleinement conscience.

Pourquoi il fonctionne ? Tout d'abord à cause de notre besoin de compréhension : il est plus simple de trouver une explication interne (même si nos hypothèses sont erronées) qu'externe (qui nécessite d'aller chercher des données). Ensuite, à cause de notre besoin de justice : nous préférons nous dire que chacun est responsable de ce qui lui arrive, alors que nous sommes les premiers à expliquer pourquoi nos désagréments viennent de causes extérieures. Et bien sûr, à cause de notre besoin de contrôle : là aussi, il est plus simple de contrôler une explication interne (puisque, encore une fois, il ne s'agit que d'hypothèses) qu'une explication externe (faite de données objectives). Cette dernière raison fait partie d'un biais à part entière : « l'illusion de contrôle » que nous verrons en troisième biais.

LE BIAIS D'AUTO-COMPLAISANCE

L'erreur fondamentale d'attribution nous fait rapidement bifurquer vers son voisin, le biais d'auto-complaisance. C'est notre capacité à nous attribuer le mérite de nos réussites (en négligeant les facteurs extérieurs, ou tout bêtement le hasard) et à attribuer nos échecs à des facteurs extérieurs qui nous nuisent.

LA FAUTE À QUI ?

Un exemple que je vois souvent chez les créateurs de contenus sur Internet : si notre vidéo YouTube ou notre photo Instagram fonctionne, c'est par la qualité de notre travail et l'originalité de nos idées. Par contre, quand ça ne fonctionne pas, c'est à cause de la période, des autres, ou simplement de l'algorithme de la plateforme.

Pourquoi il fonctionne ? Parce que nous avons toujours l'impression spontanée d'avoir fait de notre mieux. Notre cerveau veut nous conforter dans l'idée que nous sommes au meilleur de nos capacités... de ses capacités... Un manipulateur en ayant conscience et voulant accéder à nous par cette entrée va jouer sur nos peurs (en désignant à notre place des coupables pour un échec... peut-être même le coupable qui l'arrange...) ou sur notre égo (en désignant à notre place les actions incroyablement efficaces que nous avons effectuées pour obtenir un succès).

L'ILLUSION DE CONTRÔLE

Comme son nom l'indique, c'est notre erreur de jugement qui nous donne l'impression de pouvoir contrôler notre environnement, plus particulièrement le hasard et les événements aléatoires. Qui n'a jamais compté jusqu'à dix dans sa tête pour faire apparaître le bus que l'on attend ou pour faire passer le feu au vert ?

Cette illusion de contrôle du hasard peut être matérialisée de plusieurs manières :

- par des rituels (avant de monter sur scène, j'écoute toujours la même chanson par exemple…) ;
- par de la stratégie (« Je compte jusqu'à 10 et le bus arrive ! »).

Sans surprise, on retrouve ce biais chez les joueurs dans les casinos, les jeux de loterie, le poker et tous les jeux où le hasard intervient.

MON CHOIX A DE LA VALEUR

La professeure de psychologie de Harvard, Ellen Langer, a réalisé une expérience sociale sur le sujet.

Dans une entreprise, Ellen propose aux salariés de participer à une loterie, ils doivent simplement acheter un billet dont le coût est de 1 dollar. Elle constitue, à leur insu, deux groupes. Le premier groupe a la possibilité de choisir le numéro qu'ils veulent sur le billet. Le deuxième groupe se voit délivrer un billet imposé lors de leur achat.

Peu après, les équipes d'Ellen expliquent à chaque personne qu'un autre salarié de la société souhaiterait aussi participer mais qu'il n'y a plus de billets disponibles. Ce salarié cherche donc à racheter un billet à quelqu'un et l'expérimentateur demande si la personne veut bien revendre son billet, et si oui, pour combien.

Les résultats sont édifiants[1]. 37 % des personnes qui avaient choisi leur billet ont refusé de le vendre contre 19 % chez ceux qui avaient eu un billet imposé : presque le double donc ! Et parmi celles et ceux qui ont bien voulu revendre leur billet, le prix moyen de revente fut de 8,90 dollars chez les personnes qui avaient choisi leur billet contre seulement 1,9 dollars chez les personnes qui avaient eu un billet imposé : presque cinq fois plus !

La raison est bien évidemment « l'illusion de contrôle » qui donne l'impression à l'acheteur initial que son billet a plus de valeur car il l'a choisi - selon des critères qui n'ont pourtant pas de valeur réelle sur une augmentation des chances de gains.

Un manipulateur connaissant ce biais fera en sorte de vous laisser un maximum de contrôle sur vos choix pour vous faire adhérer à quelque chose d'hasardeux. D'ailleurs, même les casinos expliquent des stratégies que les joueurs sont « libres » d'adopter pour jouer à la roulette ou aux machines à sous, qui sont pourtant des jeux de hasard par excellence...

---

1. Vous pouvez les retrouver dans l'article « The illusion of control » du *Journal of Personality and Social Psychology*, volume 32, d'août 1975.

LA MAXIMISATION DU NÉGATIF

Ce biais existe en chacun d'entre nous et tend à être plus puissant dans des périodes difficiles émotionnellement, telle que la dépression. C'est la propension du cerveau à se souvenir plutôt des éléments négatifs que des éléments positifs. Ce biais a dû nous être utile à une époque de l'humanité pour se souvenir des dangers et des difficultés que nous pouvions rencontrer dans notre vie, mais aujourd'hui, il est encombrant dans notre manière d'analyser le monde. Nous allons avoir tendance à exagérer ce qui ne va pas, à dramatiser, pendant que l'on va réduire ce qui va bien et à minimiser nos réussites.

Un manipulateur qui détecte la présence de ce biais chez vous va pouvoir l'accentuer en mettant encore plus en avant l'importance de vos problèmes, en créant des hypothèses de conséquences encore plus catastrophiques, pour abonder dans votre sens et vous faire douter. C'est un accès direct à votre confiance en vous.

L'EFFET DE CADRAGE

Voici encore un biais qui trouble notre quotidien sans que nous en ayons conscience. Les médias l'utilisent, les politiques aussi. Il sert à présenter une information (non trafiquée) en choisissant un cadre favorable à ce que l'on veut faire penser à l'autre.

UNE PIÈCE A UNE VALEUR MAIS DEUX CÔTÉS…

Voici un exemple : je vais faire un sondage auprès de vous qui lisez ce livre afin de savoir si je dois faire une conférence sur le thème de la manipulation. Imaginons que vous soyez 68 % à me dire non, mais que je veuille convaincre mon éditeur que c'est une bonne idée. Je vais lui dire que « plus de 32 % des lecteurs approuvent ma proposition ». Je souligne le point qui m'arrange dans l'information afin de la connoter positivement. Je n'ai pas changé l'information. Pourtant, l'honnêteté intellectuelle serait de parler du plus gros pourcentage.

Ne sous-estimez pas ce biais car c'est justement parce que l'on ne se méfie pas… qu'il fonctionne !

C'est Daniel Kahneman, psychologue américano-israélien – mais aussi prix Nobel d'économie – qui a pu démontrer ce biais en 1981 avec une étonnante expérience. Pour l'anecdote, j'ai reproduit l'expérience dans l'émission « Antidote » sur France 2 le 7 mars 2021. Kahneman réunit des volontaires qu'il sépare en deux groupes. Les individus de chaque groupe doivent choisir la meilleure option selon eux, pour sauver le maximum de personnes menacées par une maladie (fictive bien sûr) qui risque de tuer plus de 600 personnes.

Le premier groupe doit choisir entre deux options de traitement :

- La première option, qui va permettre de sauver 200 personnes.

- La deuxième option qui est plus aléatoire. En effet, en choisissant cette option, il y a 33 % de chances que tout le monde soit sauvé et 66 % de chances que personne ne soit sauvé.

Le second groupe a les mêmes options, mais formulées différemment :

- La première option, qui va provoquer la mort de 400 personnes.

- La deuxième option qui est plus aléatoire. En effet, en choisissant cette option, il y a 33 % de chances que personne ne meurt et 66 % de risques que tout le monde meurt.

Le premier groupe a choisi à 72 % la première option : ne voulant pas prendre le risque de ne sauver personne, ils se sont concentrés sur les 200 qu'ils pouvaient guérir.

Le deuxième groupe a choisi à 78 % la deuxième option, ne voulant pas prendre la responsabilité de faire mourir 400 personnes avec certitude.

Il faut comprendre que pour les deux groupes, seule la formulation des options a changé, les probabilités de survie sont identiques d'un groupe à l'autre. D'ailleurs, un calcul en probabilité montre que les deux options donnent un nombre de survivants attendu de 200. En remplaçant le verbe « sauver » par « mourir » (et en adaptant les chiffres selon le verbe choisi), l'impact cognitif est immédiat.

Voilà pourquoi certains sites Internet proposent de cliquer pour vous abonner à leur newsletter, quand d'autres vous demandent de cliquer pour ne pas recevoir leur newsletter... Vous pouvez vous entraîner à aborder des présentations de données en vous les formulant vous-même dans les deux sens afin de ressentir au mieux les différents sens cognitifs.

LA CORRÉLATION ILLUSOIRE

Comme son nom l'indique, ce biais va trouver du sens entre deux données, bien réelles, alors qu'elles n'ont pas de lien entre elles. Ce sont les psychologues américains Chapman et Chapman qui ont découvert ce biais cognitif en 1967.

UN EXEMPLE D'ACHARNEMENT

Un exemple que vous avez peut-être vécu est celui d'être en retard et d'avoir les feux de signalisation au rouge sur votre trajet… et vous vous dites : « À chaque fois que je suis en retard, il faut que les feux soient rouges. » Vous venez de mettre en relation deux données qui n'ont aucune interaction entre elles.

Ce biais est utile pour les manipulateurs car nous allons nous-même conclure que les données fonctionnent ensemble. C'est encore plus vrai lorsqu'on nous présente des chiffres venant de domaines que l'on ne maîtrise pas.

UN EXEMPLE AMUSANT

Si vous faites un graphique allant de l'année 2000 à l'année 2009 qui référence la quantité de margarine consommée aux États-Unis et le nombre de divorces dans l'état de Maine, vous verrez que les deux courbes se suivent quasiment à l'identique !
Il est pourtant évident que la consommation de margarine aux États-Unis influence nullement le bien-être des couples du Maine, c'est un hasard que les courbes se suivent. Le biais de corrélation serait donc de les associer, sous prétexte que les courbes se ressemblent.

Il faut donc se rappeler que la corrélation et la causalité sont bien deux choses radicalement différentes. Réfléchissez toujours s'il y a vraiment un lien entre les données que l'on vous présente.

UN DERNIER EXEMPLE

Un biais de corrélation dira que « les personnes qui respirent meurent toutes ». C'est vrai car l'immortalité n'existe pas, mais ça n'est pas la cause de leur décès. La causalité aurait été de dire que « les personnes qui ne peuvent pas respirer meurent », car il s'agirait donc de la cause de leur décès.

L'EFFET BARNUM

Impossible de vous lister les biais cognitifs majeurs dans les processus de manipulation sans vous parler de l'effet Barnum, autrement appelé effet Forer. Ce biais a été démontré en 1948 par le psychologue Bertram Forer. Son étude porte sur l'hypothèse qu'un biais cognitif a tendance à nous faire raccorder des éléments vagues, généralistes, à notre propre vie et expérience.

Bertram Forer a démontré cet effet de la manière suivante : il a réuni des étudiants et leur a donné à lire un texte décrivant un type de personnalité, largement inspiré d'une collection d'horoscopes de l'époque. Les étudiants ne savaient pas quel texte recevait les autres personnes ; en réalité, il n'y en avait qu'un seul. Voici le texte d'origine tel qu'il a ensuite été publié dans le volume 44 du *Journal of Abnormal and Social Psychology* en 1949 :

« Vous avez besoin d'être aimé et admiré, et pourtant vous êtes critique avec vous-même. Vous avez certes des points faibles dans votre personnalité, mais vous savez généralement les compenser. Vous avez un potentiel considérable que vous n'avez pas encore utilisé à votre avantage. À l'extérieur, vous êtes discipliné et vous savez vous contrôler, mais à l'intérieur vous tendez à être préoccupé et pas très sûr de vous-même. Parfois, vous vous demandez sérieusement si vous avez pris la bonne décision ou fait ce qu'il fallait. Vous préférez une certaine dose de changement et de variété, et devenez insatisfait si on vous entoure de restrictions et de limitations. Vous vous flattez d'être un esprit indépendant ; et vous n'acceptez l'opinion d'autrui que dûment démontrée. Vous avez trouvé qu'il était maladroit de se révéler trop facilement aux autres. Par moments, vous êtes très extraverti, bavard et sociable, tandis qu'à d'autres moments vous êtes introverti, circonspect et réservé. Certaines de vos aspirations tendent à être assez irréalistes. »

Suite à cette lecture, Forer demande à ses étudiants d'attribuer une note de 0 à 5 sur la pertinence de la description de leur personnalité dans le texte. La moyenne des élèves se révèle de 4,26 sur 5 : tous les élèves avaient l'impression que le texte parlait vraiment de leur propre personnalité !

Ce biais cognitif est sûrement le plus exploité par les faux voyants, faux médiums et faux astrologues (en admettant bien sûr que les « vrais » puissent exister). Il est aussi utilisé par mes confrères et moi-même, les mentalistes, lors des spectacles.

Si je parle d'une « maison dans votre enfance », vous allez tout de suite, chacun, visualiser votre maison. Si je parle « qu'un jour, vous y avez subi une injustice, tellement importante pour le "vous" enfant que ça vous arrive encore d'y repenser », vous allez tous penser à un souvenir de cet ordre. Comme je n'ai pas donné votre âge, vous pouvez puiser dans vos souvenirs allant de nourrisson à collégien pour raccorder ce souvenir ! Il y a peu de chance que de 0 à 15 ans, vous n'ayez jamais vécu ce sentiment. Le cerveau veut « suivre » la conversation : à partir du moment où je décris un de vos souvenirs, même vaguement, c'est comme si je demandais à votre cerveau de choisir lui-même un moment de votre vie qui correspond à la description que je viens de faire. Ainsi, vous allez avoir l'impression que je raconte spécifiquement votre vie.

On dirait un truc de charlatan ? Oui ! Parce qu'il est très utile dans la manipulation et dans les pseudo-sciences. C'est pour cela qu'il a été baptisé l'effet Barnum en référence à P.T. Barnum[1], le bonimenteur entrepreneur qui se définissait lui-même comme « le prince des charlatans ».

LE BIAIS DE CONFORMISME

On l'appelle aussi le biais de conformité ou le syndrome de Panurge (en référence aux moutons de Panurge). Pour faire simple, il s'agit de notre capacité à laisser de côté nos convictions personnelles pour suivre celles qui sont majoritairement adoptées par le groupe… Encore un biais qui fait mal à notre égo (qui va se convaincre de sa liberté de choisir) mais qui existe bel et bien, pour le plus grand plaisir des vendeurs, des politiciens et des manipulateurs.

Le psychologue Solomon Asch, dans les années 1950, avait mis en évidence ce biais en demandant à des personnes de comparer la longueur de deux segments droits. La majorité – en réalité des complices de Asch – disait que le premier segment était le plus long. Il était en fait visiblement plus

1. Si cela vous fait penser à la tente du même nom, c'est normal ! Barnum a créé le cirque, et comme il a été ruiné après l'incendie de son théâtre, il a installé tout le monde sous… une toile (il a ainsi inventé le chapiteau de cirque). Le terme *barnum* vient donc de là (ainsi que l'expression « faire un barnum »).

court mais le vote majoritaire suffisait pour que les personnes testées suivent l'avis général.

Une autre étude, réalisée en 2012, visait à connaître l'influence des sondages sur les votants. Le protocole était de demander à 1 000 personnes leurs intentions de vote entre le premier et le deuxième tour des élections françaises, où il ne restait que deux candidats. Après avoir noté leurs intentions, les chercheurs ont montré les derniers sondages récents, trafiqués pour l'expérience, qui mettaient largement en tête le candidat pour lequel ils n'allaient pas voter. Plus tard dans la journée, les participants ont de nouveau été interrogés sur leurs intentions de vote et 25 % d'entre eux avaient changé leur vote pour rejoindre la majorité du faux sondage qu'ils avaient vu avant. Une personne sur quatre : vous constatez la puissance de ce biais.

Certains manipulateurs vont invoquer des avis généraux (du type « tout le monde sait que... ») pour faire appel à ce biais. Faites attention de ne pas suivre le groupe par réflexe.

LE BIAIS DE CONFIRMATION

Celui-ci est très populaire dans nos cerveaux ! Il vient nous aider à renforcer l'idée que nous avons fait le « bon » choix et que notre avis est le « bon ». Tout ce qui va être présenté à votre connaissance va subir un traitement d'importance :

- si ça renforce ce que vous pensez, c'est validé ;
- si ça contredit ce que vous pensez, c'est minimisé.

Ce biais explique les débats houleux où vous pouvez avoir l'impression que personne ne prend en compte les arguments de l'autre partie. Et c'est bien le cas effectivement.

Ce biais commun renforce les croyances des individus, même lorsque des données venant contredire ces croyances sont présentées. Cela occasionne de mauvaises décisions dans la vie d'entreprises et même en politique. Des manipulateurs se serviront forcément de ce biais pour atteindre leurs objectifs. Il est essentiel que vous sachiez suspendre votre jugement pour faire un point sur les données que vous avez, afin de pouvoir réviser vos croyances si nécessaire.

LE BIAIS DU SURVIVANT

Je ne vous cache pas qu'il s'agit de mon préféré à expliquer. Je me le suis gardé en dixième pour cette raison. Le biais du survivant est notre capacité à estimer (et à surévaluer) nos chances de réussite en prenant en compte ceux qui ont réussi avant nous... mais qui sont des exceptions statistiques. On devrait prendre en compte l'ensemble de ceux qui ont réussi et de ceux qui ont échoué afin d'évaluer nos propres chances.

Par exemple, si je souhaite devenir un chanteur très connu, je vais me rassurer en pensant à toutes les grandes figures de la musique que j'apprécie et qui n'avaient pas de meilleures opportunités que moi à leurs débuts. Mais je devrais prendre en compte l'ensemble de celles et ceux qui ont essayé et qui n'ont pas réussi. Bon... je devrais aussi prendre en compte la qualité de ma voix car je vous assure que vous ne souhaitez pas m'entendre chanter !

Je vais maintenant vous expliquer pourquoi il s'agit de mon biais préféré.

LES IMPACTS DES BOMBARDIERS

Tout commence lors de la Seconde Guerre mondiale. Le statisticien Abraham Wald doit renforcer les avions car la casse des bombardiers est une grosse perte économique à chaque fois. L'armée souhaite donc blinder leurs appareils aux bons endroits pour s'assurer de leurs retours à la base. Plusieurs ingénieurs ont déjà essayé, et pourtant, les pertes de bombardiers sont toujours les mêmes. C'est là que Wald intervient. Il n'est pas ingénieur mais il est rationnel. Il recommande d'étudier tous les bombardiers qui sont rentrés à la base après s'être fait tirer dessus et... de blinder toutes les zones qui n'avaient pas reçu de balles et qui n'avaient pas d'impact ! Sa théorie, juste, est la suivante : les impacts retrouvés sur les bombardiers qui sont rentrés à la base prouvent que les avions peuvent se faire tirer dessus à ces endroits et quand même revenir. Les bombardiers ayant reçu des balles à d'autres endroits ne sont pas rentrés, c'est donc ces zones qu'il faut blinder. CQFD. Depuis des mois, les équipes n'examinaient que les impacts reçus par les avions qui revenaient pour ensuite blinder ces mêmes zones. Un exemple du biais du survivant en action.

Cette pensée à 360 degrés démontre une recherche de contre-exemple. C'est votre prudence à sélectionner les données qui vous évitera de tomber dans ce biais cognitif.

LA VENTE EST-ELLE UNE MANIPULATION ?

La vente d'un service ou d'un produit sous-entend qu'il faut convaincre l'acheteur potentiel d'acheter. C'est primaire. Un large panel s'offre alors aux équipes marketing : les arguments... la confiance... les techniques de manipulation. J'ai décidé de parler de la vente pour terminer cette deuxième grande partie car je me refuse de placer ce sujet dans le côté positif ou négatif de la manipulation. La vente est un but et seules les intentions du vendeur peuvent être étiquetées comme positives ou négatives.

Certaines marques souhaitent plus que vendre un simple produit, elles veulent fidéliser le client pour des années, pour toujours. Un bon levier d'entrepreneur est d'avoir des clients qui reviennent régulièrement plutôt que d'essayer d'en attirer de nouveaux. Un bon client, c'est un client qui aime la marque, revient régulièrement et qui est tellement content qu'il en parle autour de lui en devenant un commercial malgré lui.

Il n'y a qu'à lancer un discours dans une soirée entre amis sur quel équipement choisir entre un PC ou un MAC et vous allez assister à une envolée, un débat parfois houleux entre les adeptes de la fenêtre et les fidèles de la pomme. Il existe une relation quasi intime entre le consommateur et la marque qu'il utilise, la marque qu'il a choisie. Relation qui est renforcée par les biais cognitifs que nous venons de voir juste avant.

Le marketing va chercher à manipuler les émotions pour accrocher votre attention et votre envie d'obtenir ce qui est présenté. Le plus logique serait qu'un produit présente simplement les caractéristiques précises de son produit et sa valeur ajoutée vis-à-vis de ses concurrents. Avez-vous déjà vu une telle publicité ? Je me souviens du film *Mytho Man* (écrit, réalisé et interprété par Ricky Gervais) où le mensonge n'a pas encore été inventé par l'humanité. Le porte-parole de Coca-Cola Company fait une publicité qui dit : « On n'a pas changé la recette depuis longtemps donc je n'ai rien de nouveau à vous annoncer, si ce n'est qu'on a mis un ours sur la canette pour attirer les enfants. Bref, si vous en buvez, pensez à en racheter s'il vous plaît. » Voilà ce que donne une publicité qui n'utilise aucune technique de manipulation… et que vous n'êtes pas près de voir sur vos écrans !

Pour autant, les spots de publicité que vous voyez utilisent plus l'influence que la manipulation « dure ». C'est-à-dire qu'il est explicite que l'on cherche à vous convaincre : la démarche n'est pas cachée puisque c'est le propre d'une publicité. La manipulation au mauvais sens du terme étant de la faire soit en mentant, soit en essayant de rendre la démarche invisible, soit en faisant les deux en même temps.

Voici les trois techniques les plus utilisées dans la vente. Je ne ferai pas de conclusion supplémentaire car vous les présenter est une forme de prévention de leur impact.

TECHNIQUE 1 : LE STORYTELLING

Le storytelling est sûrement l'une des techniques les plus prisées de ces dernières années. Il s'agit de raconter une histoire, ou son histoire, pour générer une empathie chez la personne qui écoute. Le storytelling permet aussi à l'autre de vous comprendre, voire de s'identifier à vous. Une forme de confiance quotidienne s'établit alors. C'est pourquoi certaines marques recherchent parfois l'histoire de leur créateur afin de la mettre en avant. Parfois même, elles vont trouver un moyen de s'approprier une histoire.

Lorsque la société Pernod-Ricard veut se lancer dans le whisky, elle fait une acquisition directement en Écosse : les installations Campbell ! Pourquoi ? Pour pouvoir utiliser à loisir l'histoire du clan Campbell qui commence au début du XIIIe siècle. Même méthode pour leur scotch Ballantine's où l'on peut lire sur le site « créé en 1827 par George Ballantine, un entrepreneur qui a suivi sa propre voie pour produire un whisky de la plus haute qualité. Produit en Écosse, berceau du whisky ». Vous imaginez bien que les actionnaires de Pernod-Ricard n'étaient pas au courant de l'existence de ce bon vieux George avant de vouloir développer une acquisition stratégique pour une marque de scotch. Même un simple « Fabien Olicard, mentaliste depuis 1982 » serait un début de storytelling…

On retrouve le storytelling partout où on a besoin de vendre de la confiance. En 2016, le président Barack Obama est au Vietnam, à Hanoï, pour renforcer les liens entre les deux pays (et surtout lever un embargo sur les armes). Il entame son discours par un résumé de sa découverte d'Hanoï, expliquant même ce qu'il a mangé le soir et comment il a trouvé son repas. Il le parsème d'anecdotes simples sur sa journée que tous les habitants reconnaissent comme des choses de leur quotidien. La connexion commence à s'établir. Il poursuit en parlant de son passé. Il se met à raconter l'enfance qu'il a passée à Hawaï où il n'a connu que la paix, tout comme les personnes présentes à ce discours. Il les implique lentement en utilisant le pronom « nous » pour cimenter cette connexion. Ce n'est plus « lui » qui fait un discours mais bien un « proche » qui leur parle de son histoire. Quelqu'un qui a la même vie et le même passé que ceux qui écoutent. Quelqu'un que l'on comprend et qui les comprend. Une manœuvre politique très... marketing.

TECHNIQUE 2 : LE CASSAGE DE PRIX

C'est le meilleur moyen de manipuler vos émotions et de vous donner le sentiment que vous allez réaliser une bonne affaire. Que vous le vouliez ou non, que vous en soyez conscient ou non, une grosse réduction aura toujours un effet sur vos émotions.

Il est devenu courant que des sites proposent aujourd'hui des produits à -70 %. Il s'agit souvent de sites Internet créés pour l'occasion, qui ne vendent qu'un seul produit. Ils utilisent ce que l'on appelle du dropshipping (tout à fait légal et pratique lorsque c'est bien fait, malheureusement les exemples dont je parle ternissent complètement ce système) : les vendeurs se procurent un produit bas de gamme de quelques euros, disons 2 euros pour exemple, l'affichent à un prix trente fois plus cher sur leur site, donc 60 euros, et mettent en avant une énorme réduction amenant le prix final à 15 euros. Vous avez donc le sentiment de faire une bonne affaire.

L'IPAD BRADÉ

Ne vous dites pas que seuls des entrepreneurs du web peu scrupuleux utilisent cette technique. Lors du lancement du premier iPad par Steve Jobs, en janvier 2010, la conférence se termine avec l'annonce du prix de ce nouvel ovni d'Apple. Le prix de 999 dollars s'affiche à l'écran. Il n'existe pas de produits similaires et la description technique qui a été faite semble cohérente avec un prix élevé. Mais Steve Jobs rappelle qu'ils veulent rendre leurs produits accessibles à tous et sur l'écran un énorme 499 dollars vient littéralement écraser le 999 dollars. Délire dans la salle. Tout le monde a le sentiment d'avoir gagné 500 dollars...

Parfois, les prix cassés sont associés à une durée limitée pour susciter le sentiment d'urgence. La précipitation n'étant pas toujours bonne conseillère, elle réveille vos schémas cognitifs de pensées automatiques.

TECHNIQUE 3 : ÉGO ET ENVIE

Saviez-vous que la grande mode dans la publicité est le neuro-marketing ? Depuis toujours, la publicité et la vente sont friandes d'avancées scientifiques... au point qu'il est interdit d'utiliser du matériel médical à des fins de recherche en marketing. Le neuro-marketing est le mariage final entre la science et la vente : on y étudie tous les leviers mentaux permettant d'influencer le comportement des potentiels clients.

Les deux ressorts des employés dans le milieu de la vente sont de stimuler votre égo et (parfois en même temps) de stimuler l'envie que vous allez générer chez les autres. En psychologie, on peut englober les deux dans la catégorie « comparaison sociale » où vous avez besoin de vous rassurer sur votre statut vis-à-vis des autres… et le produit vous promet de vous aider dans ce sens, même s'il s'agit d'un parfum, d'une voiture ou d'une paire d'écouteurs…

LA MANIPULATION POSITIVE

Dans cette partie, le côté antiguide de cet ouvrage prend son premier sens. Je vais vous dévoiler les puissants secrets de la manipulation saine. La manipulation bienveillante et la manipulation honnête n'étant pas exactement la même chose, vous pourrez ensuite choisir d'être toujours du bon côté de la force !

LA MANIPULATION BIENVEILLANTE

COMMENT ÊTRE AU SERVICE DES AUTRES

Nous y voilà ! Existe-t-il une manipulation bienveillante ? Comme pour toutes les choses dans notre vie, nous accolons des étiquettes de « bien » et « mal » un peu partout. C'est d'ailleurs cela qui nous permet de vivre en société. Je me pose quand même une question : si mon meilleur ami est en dépression et que je mets en place des stratagèmes pour qu'il sorte avec moi se changer les idées, si j'essaie de faire en sorte que ma sœur arrête de fumer, si je tente de démontrer à un collègue à quel point son travail est toxique et qu'il doit en changer… suis-je en train de manipuler la personne pour mon propre compte ? Suis-je en train de faire quelque chose de vraiment négatif ? Vous ressentez au fond de vous que nous restons dans le cadre de la bienveillance. Parce que la finalité est positive et nous semble légitime.

Certains pourraient rétorquer que, malgré la bonne intention de la démarche, mon avis sur la situation que j'essaie de changer est complètement subjectif. C'est un avis qui découle de mes filtres mentaux, de mes valeurs, ainsi que de mes croyances. Donc mon avis ne saurait être une vérité. En ça, mes détracteurs auraient raison (je suis tellement sympa que je le fais à leur place).

Pour autant, je ne parle pas de philosophie mais bien de la réalité de votre quotidien, de notre quotidien à nous tous. Les exemples que je viens de décrire sont « la vraie vie », alors si nous manipulons inconsciemment avec des intentions bienveillantes, autant le faire « bien », armés d'un savoir-faire positif.

Quelles techniques pouvez-vous utiliser dans le cadre d'une manipulation bienveillante ? Eh bien, c'est là que le bât blesse... Il n'y a pas de techniques pour le « bien » et d'autres pour le « mal ». La manipulation utilise souvent les faiblesses, les failles, ou tout simplement le fonctionnement du cerveau dans notre manière de communiquer, d'analyser ou de prendre des décisions. Et un cerveau... on n'en a qu'un – sauf dans le livre du conseiller d'Al Gore, mais ça n'est pas le propos. Nous avons donc tous un cerveau et, cerise sur le gâteau, ils sont tous identiques dans l'écrasante majorité des cas. Les mêmes 68 à 100 milliards de neurones, les mêmes instincts de survie, les mêmes biais cognitifs, etc. C'est pour cela que les techniques de manipulation sont quasiment universelles et bien souvent atemporelles. Elles traversent les âges sans se soucier de l'époque, de la technologie ou des avancées de la société.

Avant d'aller plus loin, laissez-moi vous rapporter les conseils d'une personne plus qu'appréciée par le gouvernement qu'elle sert. Cette personne explique comment manipuler les informations en conseillant de prendre soin de trouver un équilibre entre la vérité et le mensonge afin de gagner en crédibilité. Elle explique également qu'il faut connaître sa cible au mieux (les personnes que l'on souhaite manipuler), déterminer un objectif précis, puis manipuler les émotions plutôt que le mental pour atteindre cet objectif au moyen de la diffusion de fausses informations.

Pensez-vous que je parle de quelque chose d'actuel ? De *fake news* ? Cela vous renvoie à des histoires politiques récentes ? Pourtant, je ne fais que décrire un passage sur la duperie écrit par le général Sun Tzu dans son ouvrage *L'Art de la guerre* paru il y a plus de 2 500 ans ! Cela nous semble très quotidien puisque, pendant que la société change, la psychologie humaine fonctionne toujours à l'identique.

D'ailleurs, cette technique de la fausse information sera encore utilisée par Rome pour lutter contre les chrétiens en expliquant, par exemple, que les fidèles sont des cannibales (mensonge qui touche l'émotionnel) puisqu'ils mangent le corps du Christ (demi-vérité puisqu'il s'agit d'une métaphore). C'est presque bluffant de se dire qu'ils se sont servis de la phrase prononcée lors de la prise de l'hostie pour la traiter au premier degré ! Plus tard, la Révolution française voit elle aussi son lot de fausses informations écrites par les journalistes eux-mêmes.

Plus récemment encore, Donald Trump a pris beaucoup de place dans les médias (dans l'objectif simple d'en laisser moins aux autres : l'art d'occuper le terrain) en utilisant donc ce principe vieux de milliers d'années : un mensonge proche d'une vérité, transmis de manière la plus concise possible, qui va activer l'émotionnel plutôt que l'intellect. Voici l'un de ses mémorables tweets datant du 6 septembre 2017 : « *Will be going to North Dakota today to discuss tax reform and tax cuts. We are the highest taxed nation in the world - that will change.* » Le message est donc très court, sa cible est la majorité de la population américaine qui paie des taxes, l'objectif est d'être reconnu comme celui qui les comprend. La première partie du message est vraie, il part réellement dans le Dakota pour discuter d'une réforme des taxes. La suite est fausse, car, que ce soit pour l'impôt sur les sociétés ou les impôts que paient les particuliers, les États-Unis ne sont pas le pays qui paie le plus de taxes. Et surtout, il n'est mentionné nulle part que cette réforme va alléger les taxes et les cotisations, même si cette manipulation des données nous donne le sentiment que c'est « logique ».

Notre cerveau ne change pas sa manière de fonctionner, les techniques de manipulation traversent donc les âges et elles ne sont ni bonnes ni mauvaises, elles dépendent uniquement de l'intention qu'a la personne qui les utilise. Cette intention peut donc être bienveillante, même si cette légitimité bienveillante sera toujours un avis subjectif de la personne qui manipule.

Richard Thaler et Cass Sunstein ont développé un concept en 2008 appelé le « nudge ». *Nudge* en anglais signifie « pousser légèrement » ou « coup de pouce ». Leur idée est que l'on peut manipuler avec bienveillance mais avec parcimonie, en poussant légèrement une personne dans la bonne direction. Richard Thaler et Cass Sunstein souhaitaient aider une entreprise à amener ses employés à manger plus sainement. Cette entreprise aurait pu supprimer les aliments gras de leur cantine en usant de leur autorité. Ils auraient pu aussi réaliser une campagne au sein de l'entreprise très anxiogène sur les effets de la malbouffe, en manipulant les émotions. La solution qui s'inspirait du concept de nudge fut de mettre le bar à salades, très garni, à l'entrée du réfectoire, et de placer les plats en sauce et les fritures plus loin. Les employés arrivaient à la cantine, et comme ils s'étaient déjà servis de salades et de crudités, ils réduisaient les quantités qu'ils prenaient au poste des plats hautement caloriques. Un simple coup de pouce...

Je crois sincèrement qu'il s'agit d'une bonne résolution que j'ai moi-même adoptée depuis la lecture de leur livre[1] il y a

1. *Nudge: Improving Decisions about Health, Wealth, and Happiness*, de Richard Thaler et Cass Sunstein, Penguin Books, 2009.

treize ans. Si je pense que quelqu'un, ou un groupe, ne va pas dans la bonne direction de leur propre bien, alors je vais agir délicatement, discrètement, sur la racine d'un nouveau trajet possible… et c'est tout. Une délicate réorientation qui ne supprime pas la liberté de choisir de la personne ou du groupe.

Terminons ce chapitre de la manipulation bienveillante avec ce que je pense être sa légitimité profonde.

Premièrement, l'être humain est imparfait dans ses prises de décision, même si notre cerveau est extraordinaire (je le pense sincèrement, au point d'avoir écrit des livres qui portent ce titre). Certes, il est rapide, mais au prix de raccourcis dans ses conclusions et dans ses décisions. Ces raccourcis s'appellent les biais cognitifs. Lorsque nous sommes extérieurs à une situation que nous analysons, nous sommes moins soumis à ces mêmes biais, nous pouvons donc conseiller plus objectivement une personne qui est en train de faire un mauvais choix. Comme nous pouvons nous faire nous-même conseiller.

Deuxièmement, et c'est peut-être le point le plus important à retenir, manipuler ne veut pas dire automatiquement « se cacher ». Notre esprit a ancré l'idée qu'une manipulation se faisait dans l'ombre, tel un génie machiavélique qui tire les ficelles sans que personne en ait conscience. Pourtant, j'ai fait des recherches et aucune loi nous oblige à adopter le comportement du docteur Mad dans *Inspecteur gadget* ! Bonne nouvelle car je déteste me déplacer en sous-marin ou en fusée. Vous pouvez, vous devez, déclarer vos intentions à la personne que vous allez manipuler. Si je veux que ma sœur arrête de fumer, je peux lui dire ouvertement que mon but va être de lui faire prendre conscience qu'il faut qu'elle arrête et que je vais faire en sorte d'atteindre mon but… pour elle. Il faut assumer ses objectifs vis-à-vis de l'autre, vous pouvez même assumer le fait que vous allez utiliser des méthodes de manipulation (sans évidemment lui rappeler toutes les cinq minutes…).

Ces deux points rendent la manipulation bienveillante déontologique. Ils permettent aussi de mettre un curseur pour savoir à quel moment on sort du cadre de la bienveillance, même si l'objectif reste noble.

LES POINTS À RETENIR

Pour manipuler avec bienveillance, au service de l'autre, il faut :

- être extérieur à la situation, afin d'avoir une analyse plus objective ;
- connaître les techniques de manipulation et les considérer comme neutres ;
- avoir une raison légitime de les utiliser qui doit tendre vers l'altruisme ;
- ne pas réduire la liberté de choisir de la personne ciblée ;
- orienter la personne plutôt que la mettre directement sur le chemin que l'on veut pour elle ;
- ne pas cacher ses intentions et ses objectifs, les annoncer clairement à la personne.

LE JOUR OÙ L'ON A VOULU ME MANIPULER POUR MON BIEN...

À l'inverse, vous allez parfois ressentir une impression étrange : quelqu'un qui vous veut du bien alors que vous ressentez un sentiment étrange face à sa proposition. Un peu comme le sixième sens de Superman, vous pouvez parfois ressentir qu'un danger arrive, une tentative d'intrusion dans votre libre-arbitre. Il est assez compliqué de s'en sortir car, comme l'autre personne présente un enrobage de « bienveillance envers vous » pour empaqueter sa demande, sa proposition ou son offre, il paraît impoli de dire non. Pire ! Vous savez que vous allez le vexer et vous vous sentirez coupable. Il faut absolument distinguer ce qui est bienveillant de ce qui ne fait que ressembler à de la bienveillance. Je vais pour cela vous raconter quelque chose qui m'est arrivé il y a treize ans et les méthodes que j'ai employées pour m'en sortir.

LE JOUR OÙ ON A VOULU ME FAIRE TRAVAILLER GRATUITEMENT

Nous sommes en 2008 et je sévis, entre autres, en tant qu'artiste magicien et/ou mentaliste dans le secteur rochelais. J'ai remporté le premier prix au festival des Cannes d'Or l'année passée, ce qui m'a aidé à gagner en crédibilité dans mon secteur. Je commence donc à avoir ma propre clientèle de particuliers et de professionnels et je travaille parfois pour des agences locales, ce qui est nouveau pour moi, puisque la plupart des agences avec qui je travaillais jusqu'à présent étaient plus sur le national et l'étranger que chez moi. Nul n'est prophète en son pays, dit-on. Ce qui est confirmé par ma difficulté à louer un théâtre pour jouer ! Attention, je n'ai pas dit que je n'arrivais pas à me faire programmer (ça n'est même pas la question puisque je n'ai pas essayé) mais bien à louer, à mes frais et à mes risques, un lieu pour organiser une représentation de A à Z. J'y arriverai quand même en louant un espace tenu par une association de danse argentine qui me sous-loue leur espace, m'aidant en même temps pour l'accueil, la technique et la billetterie le soir même. Cette soirée a de l'importance pour moi car elle marquera un tournant dans ma vie dont je prendrai conscience des années plus tard, mais ça n'est pas le bon livre pour m'étendre sur ce point.

La soirée a lieu à guichets fermés et mon nom circule de fait encore plus sur La Rochelle. Il faut dire que ça a été l'occasion de mettre mes affiches partout dans la ville pour annoncer la représentation et indiquer mon prix fraîchement remporté.

Quelques jours plus tard, en fin de matinée, le téléphone fixe sonne. Rendez-vous compte qu'à cette époque, même si je ne manquais pas de travail, la sonnerie du téléphone fixe était presque toujours une bonne nouvelle (ou un vendeur de fenêtres qui voulait savoir si je voulais bénéficier des avantages des nouvelles lois sur l'isolation des maisons).

Je décroche et un homme se présente. Il a un âge mûr, une intonation sûre de lui et me demande si je suis bien « moi ». Je vérifie rapidement avec moi-même et je confirme que je suis bien « moi ». Il m'explique qu'il tient une agence d'événementiel sur La Rochelle, me cite l'agence (que je connais de nom car sa réputation est effectivement bien ancrée sur La Rochelle... et auprès de mes clients qui apprécient ses services).

Son appel est lié à l'un de ses projets. Il m'explique qu'il organise une soirée spéciale pour fêter l'anniversaire de son agence. La soirée aura lieu sur l'île de Ré le mois suivant, la date et l'heure sont déjà arrêtées. Au cours de cette soirée, il y aura un dîner spectacle et des artistes passeront sur une scène en fin de repas. Mais pour que l'ambiance soit complète, il y aura des magiciens et des mentalistes qui passeront aux tables des convives pendant le repas afin d'exécuter de courtes prestations et des tours entre les plats (cette forme de mini-spectacle de proximité s'appelle le « close-up » : en général l'artiste passe aux tables durant 5 à 8 minutes pour effectuer des tours).

Mon interlocuteur, dirigeant de cette société et dont le nom est aussi connu que son agence, m'explique ensuite que les invités sont de gros clients récurrents à lui, ou des clients qu'il souhaite inviter pour leur démontrer son savoir-faire. Il me raconte que tous les artistes, le lieu, le traiteur, etc. « jouent le jeu de cette soirée » (entendre par là qu'ils vont tous travailler gratuitement) et il me propose de faire partie de l'aventure. Il m'annonce ouvertement qu'ensuite, les professionnels qui auront répondu présents à son appel seront rappelés pour être mis en priorité sur les contrats qui découleront de cette soirée ou qu'il aura dans l'année. Alors, suis-je disponible ? Suis-je intéressé ? Il lui faut une réponse... et je sens bien que c'est maintenant. D'ailleurs, pendant les deux à trois secondes où je ne réponds pas, un malaise a le temps de s'installer.

Je dois vous avouer que toute cette conversation va trop vite pour moi. Je n'ai pas pu placer un seul mot, je n'ai rien pu demander ou objecter car les arguments m'étaient servis sans discontinuité. Il fallait que je réponde maintenant. Je me sentais « manipulé » et la seule option que j'envisageais était de dire « oui » car même si je voyais la manipulation se mettre en place, j'avais peur de me griller auprès de cette société, peur de ne pas avoir le temps de réfléchir, peur de passer à côté d'un réseau local qui pouvait m'aider à me développer. Il me présentait ça comme une belle opportunité pour moi et c'était vrai, intégrer cette agence aurait donné de la stabilité à mon travail. Mais derrière cette bienveillance apparente, des choses me dérangeaient sans que je puisse mettre le doigt dessus. Il ne m'avait pas laissé le temps pour réfléchir qu'il me demandait déjà une réponse « de principe ». Et logiquement, si je suis disponible, je ne vois pas comment décliner sa proposition élégamment et avec des arguments... que je n'ai pas ! Je n'en sais rien ! Me vient alors enfin une seconde option. Je l'applique tout de suite : je lui raccroche au nez.

Vous vous dites que j'ai craqué ? Que j'ai paniqué ? Ni l'un ni l'autre. Il me manipulait, nous sommes bien d'accord, il en avait conscience et je pense même qu'il s'en fichait que j'en aie conscience du moment que je lui dise « oui ». Franchement... quelques secondes avant, je ne voyais pas quoi faire d'autre que d'accepter. Et accepter une manipulation dont j'ai conscience sans avoir raisonné est au-dessus de mes forces mentales. C'est pour cela que j'ai raccroché : pour le faire taire et pour pouvoir réfléchir sans pression.

Je lui ai raccroché au nez mais mentalement j'étais serein. Car je venais de me dire : « Si je dis oui maintenant et que je regrette, je n'aurai pas d'arguments valables pour faire machine arrière sans me griller auprès de son agence. Si je dis non, il ne me fera jamais travailler et deviendra un concurrent contre moi. Si je raccroche, j'aurai juste à m'excuser d'avoir été coupé et je pourrai reprendre la conversation en ayant eu le loisir de réfléchir en amont.

Je réfléchis et je le rappelle. Je m'excuse pour cette coupure (sans l'expliquer) et il me raconte que mon téléphone était ensuite en dérangement (merci pour l'information... je l'avais volontairement décroché pour ne pas être joignable !). Je commence par le remercier d'avoir pensé à moi et je lui demande s'il m'a déjà vu travailler (je sais que non), il me répond par la négative et me rétorque que c'est justement l'occasion pour lui de me voir à l'action. Je lui réponds que je suis embêté car si ça ne lui convient pas, je sais qu'il ne me placera pas sur les futurs contrats promis… Et c'est la deuxième fois de la conversation où il y a un blanc de quelques secondes entre nous… Mais ce coup-ci, personne ne raccroche. J'enchaîne en lui expliquant qu'étant plutôt une jeune société par rapport à sa puissante entreprise, je ne pouvais pas non plus me permettre de bloquer un créneau aussi favorable qu'un samedi soir sans gagner ma vie (dans l'événementiel, le samedi est le soir où nous travaillons le plus) : des samedis, il n'y en a que quatre par mois. Je l'achève en lui expliquant que je pourrais réduire mon tarif pour cette première fois, et dans l'espoir d'intégrer son catalogue, en appliquant une réduction exceptionnelle de 30 %. Toujours un léger temps de latence et il me répond… qu'il me tient au courant, me salue rapidement et raccroche (probablement pour chercher un autre artiste à ma place).

Cette tranche de ma vie contient ce qu'il faut pour continuer ce chapitre, mais je vais quand même satisfaire votre curiosité ! Il ne m'a pas rappelé pour me « tenir au courant », ce qui n'est pas étonnant puisqu'il cherchait plus un nombre d'artistes à cocher plutôt que des artistes en particulier. La soirée a donc eu lieu sans moi. Mais je ne l'ai pas froissé par mon « non », car j'avais coupé la manipulation assez tôt pour réfléchir et comprendre ce qui me dérangeait dans sa manière de faire. Résultat : de 2009 à 2013, je suis l'artiste qui a le plus travaillé pour cette agence, et j'ai même signé une exclusivité territoriale avec eux sur cette période. J'y ai rencontré des personnes formidables, suis devenu ami avec le dirigeant, appris beaucoup de choses et, cerise sur le gâteau, le dirigeant ne se souvient même plus de m'avoir contacté pour cette soirée à l'époque (il m'a confirmé qu'il était trop dans l'urgence pour avoir le temps de vraiment sélectionner les artistes qu'il appelait).

Reprenons où nous en étions. Mon but, en partageant avec vous ce souvenir, est de vous décrire une situation qui est assez peu abordée dans les ouvrages parlant de la manipulation (je n'ai d'ailleurs pas trouvé de référence à ce sujet) : le fait de se sentir manipulé et de ne pas trouver d'autre solution que d'accepter ! Malgré le fait de savoir que nous sommes au centre d'une manipulation grossière. L'ensemble ressemble à de la bienveillance mais le goût est différent. C'est pourtant quelque chose de courant, que nombre d'entre nous connaît. Lorsque j'en parle en conférence, chacun y raccorde des souvenirs très récents de leur vie. On peut donc constater que le fait de reconnaître la manipulation et d'identifier les techniques employées ne serait ici d'aucune aide. L'artiste de la manipulation a franchi la limite de l'ombre, il se fiche d'être démasqué et seul votre « oui » lui importe.

Voici comment désamorcer cette bombe de fausse bienveillance pour résister à la tentation d'accéder à la demande (dans le seul but de se sentir libéré).

Non coupable !

Un élément récurrent qui vous force à accepter sous la pression d'une forme de gentillesse est la culpabilité. Vous voyez agir le manipulateur, vous savez qu'il sait que vous savez (que cette phrase est dure à écrire !), et pourtant, vous ne vous sentez pas à l'aise pour formuler un refus. C'est la culpabilité qui vous en empêche, elle peut être vis-à-vis de lui (aussi étonnant que cela puisse paraître), vis-à-vis d'une tierce personne ou vis-à-vis de vous-même (comme dans mon histoire où je risquais de perdre des atouts dans mon développement professionnel).

Vous devez vous libérer de vos émotions, en particulier de votre culpabilité. Comprendre que cette culpabilité vous empêche d'analyser sereinement la situation. Le manipulateur souffle sur vos peurs et vos espoirs en même temps pour vous empêcher de rationaliser. Les choix qu'il vous offre sont une vision déformée de la réalité qui vous empêche de voir la réalité objective. Dans un premier temps, dites-vous que vous n'êtes pas responsable de la situation et qu'elle n'est probablement pas aussi limitée dans ses options que « accepter » ou « refuser ». Vous avez forcément le choix.

Mettre les pendules à l'heure

Ce conseil ne vous servira pas forcément à chaque fois. Les prochains conseils non plus d'ailleurs : ils sont simplement des éléments de votre protection et vous utiliserez à bon escient ceux qui vous semblent pertinents en fonction de la situation que vous vivez.

Mettre les pendules à l'heure signifie simplement verbaliser le fait que vous voyez ce que la personne fait : qu'elle vous manipule pour obtenir votre consentement pour faire ou dire quelque chose. Si le manipulateur pouvait se douter que vous l'aviez démasqué... maintenant, il en est certain. Son pouvoir se limite alors dans son obstination à continuer son jeu malsain, mais vous lui offrez une porte de sortie pour arrêter. Dans mon histoire précédente, vous constatez qu'avec son flot incessant, je n'ai pas pu le faire, mais en sa présence, j'aurais formulé un « Excusez-moi, tout ça va tellement vite que j'ai l'impression que vous me laissez un choix binaire sans que je puisse réfléchir calmement à la proposition ». Cette phrase aurait soit désamorcé sa manipulation (au bénéfice d'une discussion plus rationnelle), soit conforté à continuer sur cette voie (en sachant que je ne donnais peut-être pas de crédibilité à ses arguments).

Sûr de soi

Si vous ne croyez pas en vous... le manipulateur croit en lui ! Et plus il vous prendra pour une cible fragile sur ses appuis, plus il gonflera sa foi personnelle. C'est un jeu très primaire. Je veux parler de la confiance en soi dans l'instant, pas d'une manière générale sur tous les sujets. Dans l'exemple précédent, ce dirigeant savait pertinemment que j'étais plus novice que lui dans le métier, que ma société était plus jeune et que j'avais forcément moins confiance en moi concernant ce secteur d'activité que lui. C'est cette confiance en lui qui lui a permis de me faire miroiter des contrats (potentiels) en sous-entendant que j'aurais besoin de travailler (et que potentiellement, sans lui, mon développement serait difficile).

Ayez confiance en vous, vous êtes qui vous devez être et c'est très bien ainsi. Et si vous n'arrivez pas à retrouver assez vite votre stock de confiance personnelle... passez au point suivant !

Le frein à main

Simple. Basique (comme dirait OrelSan). Comment vous manipuler si vous n'êtes plus là ? Vous pouvez gagner du répit pour reprendre la main sur votre culpabilité, sur votre confiance en vous, et pour pouvoir analyser rationnellement les différentes options (afin de trouver celles qui vous sont volontairement cachées). Au téléphone, vous pouvez simplement prendre congé... ou raccrocher comme j'ai déjà pu le faire. Sachez que je n'ai plus aucune culpabilité à faire cela quand la personne cherche à me manipuler outrageusement. C'est ma réponse et je n'explique même plus mon geste, tant je sais que la personne en face a conscience de ce qu'elle fait. Si on y réfléchit, c'est elle qui est insultante envers moi.

Dans la vie courante, il est plus compliqué de disparaître d'un seul coup dans un nuage de fumée à la manière d'un ninja. Et faire semblant que la personne en face de vous est devenue invisible ne marchera pas (quoique vous passerez un moment amusant à le raconter le soir en rentrant chez vous). Vous pouvez par contre tout stopper en ne prenant aucune décision dans l'instant. Dites juste : « Excusez-moi, je reviens très vite vers vous parce que je dois y aller et je suis incapable de vous répondre maintenant. » La personne en face vous pressera forcément, vous rappelant « l'urgence absolue » et sûrement « la simplicité ou la logique de la décision que vous devez prendre ». Alors soufflez, souriez et demandez-lui si vraiment, vous n'avez pas le droit à trois minutes pour aller aux toilettes (ou passer un coup de téléphone, acheter une bouteille d'eau, ou n'importe quelle excuse qui vous permet d'avoir quelques minutes de solitude). Cela peut passer pour une fuite, et franchement, peu importe, vous devez savoir vous couvrir lorsque c'est nécessaire.

Le « non » et le « ou »

C'est le dernier fil à couper de cette bombe. Vous vous êtes libéré de votre culpabilité, vous maîtrisez vos émotions instinctives grâce à votre confiance retrouvée et vous avez pu analyser rationnellement la décision, même rapidement. Vous devez maintenant oser dire NON si tel est votre choix (ou OUI si la manipulation était de vous faire refuser quelque chose évidemment).

Vous pouvez aussi utiliser le « ou » pour présenter des options alternatives qui ne vous avaient pas été proposées en amont. Les « ou » doivent être légitimes, ne cédez pas à la tentation d'essayer à votre tour de manipuler, restez éthique même si l'autre ne l'est pas. Dans mon histoire, vous avez pu lire que mes « ou » n'ont pas fonctionné, mais comme ils étaient logiques et justifiés, ils ont créé le terreau propice à une forme de confiance qui m'a permis de travailler avec eux par la suite.

Voilà comment stopper un manipulateur utilisant une fausse bienveillance envers vous. D'une manière générale, vous pouvez stopper une spirale de manipulation en la déconsidérant. Faire en sorte de montrer clairement que vous ne jouez pas à ce jeu fait perdre beaucoup d'emprise (et de motivation) aux manipulateurs. Cela veut dire que vous devez réellement vous détacher de ça, vous ne devez pas jouer leur jeu, accepter par défaut, ou même raconter aux autres comment untel ou untel a essayé de vous manipuler. Ne plus faire exister la manipulation comme étant votre ennemie est sûrement le meilleur moyen de l'affaiblir.

LA MANIPULATION HONNÊTE

LES TECHNIQUES HONNÊTES DE MANIPULATION

Chouette ! Nous y voilà ! Il existerait donc des techniques honnêtes pour manipuler ? Selon moi, la réponse est oui. Et selon vous aussi, sinon vous n'auriez pas ouvert ce livre, non ?... Bon, là, j'avoue, c'est une manipulation de votre opinion avec un argument fallacieux.

À mon sens, ce qui fait qu'une technique est honnête, c'est qu'elle ne flirte pas avec le mensonge. Contrairement à « la manipulation bienveillante au service des autres », ce chapitre est dédié aux manipulations qui servent avant tout vos intérêts. Vous serez surpris de voir à quel point ces techniques sont souvent plus efficaces et plus déontologiques que ce que nous faisons spontanément lorsqu'on souhaite obtenir quelque chose.

L'art de justifier honnêtement

Lorsque vous souhaitez obtenir quelque chose d'une autre personne, vous avez tendance à justifier votre demande. Parfois en grossissant le trait... jusqu'à même mentir, en vous disant que sinon, la personne ne va pas comprendre l'importance de votre demande. Heureusement, il existe une alternative.

Ellen Langer (dont je vous ai déjà parlé pour le biais cognitif de « l'illusion de contrôle », page 90) a mené en 1977 une expérience de psychologie sur l'importance de la justification. Ces résultats m'ont amené ensuite à utiliser cette méthode avec un succès quasi permanent. Voici son expérience : Ellen place son protocole de recherche dans une bibliothèque universitaire dans laquelle se trouve une seule photocopieuse. Très pratique pour les étudiants qui souhaitent n'emporter qu'un seul chapitre d'un livre ou qui veulent une trace d'un livre qu'ils ne peuvent pas emprunter... Le fait est qu'il y a toujours une file d'attente devant cette photocopieuse.

Ellen va alors envoyer un étudiant qui travaille avec elle et qui a pour mission de passer devant les autres personnes pour faire ses photocopies. Il va devoir tester trois méthodes différentes.

Au premier essai, il s'adresse à la dernière personne, la plus loin de la file, pour lui dire : « Excusez-moi, est-ce que je peux faire des photocopies ? » Le nombre d'étudiants qui lui disent « Oui, vous pouvez passer » est de 60 % (notez que c'est un résultat acceptable qui nous rappelle qu'il n'est pas vain d'oser demander franchement plutôt que d'attendre quelque chose...). La dernière personne va ainsi devoir attendre derrière une personne supplémentaire.

Dans un deuxième essai, l'étudiant se place directement à la photocopieuse et dit à la personne qui allait s'en servir : « Excusez-moi, est-ce que je peux utiliser la photocopieuse parce que je suis pressé ? » Le nombre d'étudiants qui lui disent « Oui, vous pouvez passer » est de 94 % (notez que sa justification est crédible et qu'il a l'air pressé).

Pour son troisième essai, l'étudiant va de nouveau directement à la photocopieuse et dit à l'étudiant qui allait s'en servir : « Excusez-moi, est-ce que je peux utiliser la photocopieuse parce que je dois faire des photocopies ? » Le nombre d'étudiants qui lui disent « Oui, vous pouvez passer » est de... 93 %. Incroyable, non ?

Le fait de se justifier influence automatiquement une personne à accéder à votre requête, c'est pour cette raison que le deuxième essai obtient 94 % de réussite contre 60 % pour le premier essai. Mais pour comprendre cela, vous n'aviez pas besoin d'étude. Là où c'est intéressant, c'est que le troisième essai dont la justification est, dirons-nous, inutile, obtient quand même un résultat de 93 % de réussite. L'étudiant n'a fait pourtant que dire la vérité : « Je veux utiliser la photocopieuse... parce que j'ai besoin de faire des photocopies. » Aucun mensonge n'a été prononcé, aucun levier de manipulation des émotions n'a eu lieu. Pourtant, il s'agit d'une manipulation (puisque nous savons que le fait de se justifier augmente les chances d'acceptation) mais la technique reste honnête.

Je l'ai essayé une autre fois moi-même à la gare de La Rochelle pour changer un billet de train. J'ai dit aux personnes devant moi : « Excusez-moi, est-ce que je peux passer au guichet parce que je dois parler au guichetier ? » Et je suis passé faire exactement ce que j'avais dit...

Pourquoi il faut offrir des jonquilles

Quand j'étais petit, je ramenais chaque année des jonquilles à mon institutrice. Évidemment, ça n'était pas un calcul machiavélique d'un enfant de 6 ans, mais nous allions une fois par an en famille dans la forêt de Benon pendant une journée pleine afin de ramasser des jonquilles et pour le plaisir de passer un dimanche dans la nature. Une fois rentrés, nous en faisions des bouquets que chacun offrait à qui il voulait. J'ai renommé la technique qui suit « la technique des jonquilles » car elle me fait toujours penser à ça.

Lorsque vous devez convaincre quelqu'un, vous êtes tributaire de son état émotionnel. Cet état ne dépend pas de vous mais de la personne, de sa journée passée, de ses pensées. Et convaincre quelqu'un qui n'est pas dans un état mental positif n'est pas aisé. Parce qu'il ne sera pas à l'écoute, parce qu'il a d'autres problèmes à gérer, parce qu'il n'est pas dans l'instant.

Cette méthode consiste à changer son état émotionnel sans qu'il ou elle s'en rende compte, ou à renforcer son état positif vis-à-vis de lui-même ou d'elle-même, et indirectement vis-à-vis de vous... Vous allez donc agir en son sens en agissant sur deux leviers :

- Premier levier : en lui faisant des cadeaux. Je ne parle pas vraiment de cadeaux physiques, mais par exemple en trouvant des solutions à ses problèmes, en soumettant des idées pertinentes qui pourraient lui servir, en agissant pour l'aider. Ces actions doivent être sincères et vous ne devez rien attendre en retour, pas même un merci.

- Deuxième levier : en exprimant vos compliments à son égard. Attention ! Je ne parle pas de flatteries et encore moins de mensonges. Il s'agit juste de verbaliser les choses positives que vous avez constatées chez lui ou chez elle. Là encore, vos paroles doivent être sincères et vous ne devez rien attendre en retour.

Vous avez compris à quel point la sincérité de cette technique est au cœur de tout. Comme lorsque j'offrais mes jonquilles, j'avais autant de joie à les offrir que la personne qui les recevait. Vous pensez peut-être qu'il n'y a parfois rien de positif à dire et qu'il va falloir nécessairement saupoudrer vos phrases de pieux mensonges. Sachez que, dans ce cas, il suffit de dire ce que vous pensez en félicitant et en mettant en avant des qualités... car il y en a toujours !

BELLE ÉNERGIE !

Imaginons que je souhaite discuter d'un nouveau projet avec un artiste qui sort de scène. Je viens de voir le spectacle que je n'ai pas tellement aimé... et auquel le public n'a visiblement pas adhéré non plus. Que vais-je pouvoir faire ou dire ? Dans l'exemple précis, je vais chercher ce que je peux dire de positif. Le spectacle a duré deux heures, il a forcément été écrit, appris, travaillé, répété. L'artiste a forcément essayé de donner son maximum. Il y a forcément un passage que j'ai préféré aux autres. Etc.

Je vais axer mon discours sur ces points, mais sans donner de valeurs fausses, sans mentir, pour rester sur une honnête manipulation : « Bravo pour cette prestation de deux heures. J'imagine que tu as beaucoup travaillé sur ce spectacle ? » Puis, après sa réponse : « En tout cas, c'est toujours impressionnant de voir un artiste qui se donne sur scène, mon passage préféré était le passage où il se passait *(ceci, cela)*. »
Vous pouvez constater que je ne dis pas avoir « adoré le spectacle » ou « passé un super moment ». Je ne parle que des choses factuelles, positives, et surtout, sincères.

Avec cette manière de faire, vous mettrez toujours les personnes en face de vous dans de bonnes dispositions à votre égard, sans qu'elles ne doutent de vous car elles n'ont pas à se demander si vous pensez ce que vous dites ou pas. La force de la vérité !

Le « ni oui ni non »

Comme pour chacune des techniques abordées dans ce livre, je prends comme exemple deux individus qui discutent. Vous pouvez sans peine extrapoler ces techniques à un individu face à un groupe ou à un groupe face à un autre groupe. Ceci étant dit, laissez-vous présenter une technique douce, honnête et qui évite de brusquer inutilement votre interlocuteur.

Lorsque l'on souhaite obtenir un résultat, on a la fâcheuse tendance à exprimer ses arguments en laissant les émotions s'en mêler, à expliciter le résultat attendu rapidement et attendre une validation : un oui ou un non franc. Et si nous attendons un « oui » et que la personne nous sert un « non », nous nous sentons agacé ou déçu... alors que l'autre en face se sent peut-être agressé ou forcé.

Le problème majeur est la question fermée. Celle qui appelle une réponse tranchée.

« VOUS EN PENSEZ QUOI ? »

Imaginez que j'arrive sur votre lieu de travail, vous êtes calme, en train de faire vos tâches habituelles, et je vous dis : « Je n'en peux plus de ne pas pouvoir ranger mes affaires, il y a trop de bazar dans ce bureau, est-ce que vous allez ranger avant vendredi ? » Imaginez que les phrases précédentes ne soient pas dites avec un ton agressif, mais au contraire très posé... Elle vous dérange quand même ? C'est normal. Tout d'abord, le « je n'en peux plus » donne mon émotion, mon jugement. « il y a trop de bazar » n'est pas non plus un argument, c'est une appréciation. Pour terminer, la question fermée qui clôt mon intervention appelle un « oui » ou un « non » de votre part. Je vais au mieux obtenir un faux « oui », celui que l'on prononce pour être tranquille mais que l'on ne tiendra pas, au pire un « non » qui ne va pas me convenir et qui va vous obliger à tenir tête ou à vous justifier. Rien de bien probant. Imaginez maintenant que j'arrive à votre bureau en disant : « J'ai beaucoup de choses à stocker, je cherche de la place. Comment pourriez-vous m'aider à en trouver ? »

Je viens d'expliquer rationnellement mon problème, sans porter de jugement, et je vous propose une question ouverte. C'est vous qui allez m'aider à trouver une solution. Je vous engage dans mon problème, mais à aucun moment, je ne vous ai tenu responsable de sa cause. D'ailleurs, les causes sont rarement intéressantes, il faut se concentrer sur le présent et le comment.

En utilisant les questions ouvertes, vous n'allez pas être directif, vous allez au contraire proposer une totale liberté à la personne en face de vous. Néanmoins, cette liberté sera guidée par des rails de chaque côté, des rails forgés par votre problématique de départ, vous allez guider la personne dans la bonne direction.

C'est une manipulation honnête car le libre-arbitre de l'autre est préservé et vous ne proférez aucun mensonge. Au contraire, vous sollicitez son aide. Votre question doit commencer par les mêmes mots que ceux que l'on utilise lorsque l'on écrit un spectacle : qui, que, quoi, comment, où. Pas de « pourquoi », de « pouvoir », d'« être ». Le verbe « être » est à bannir de vos questions si vous voulez influencer correctement la personne.

« Est-ce que tu vas ranger ? » est moins efficace que « Comment pourrais-tu ranger ? », lui-même moins efficace que « Comment stocker mes affaires sans tout déranger ? ». Notez que la dernière question ouverte ne contient même pas de verbe conjugué.

Avec les questions ouvertes, vous laissez le contrôle à l'autre personne, vous ne faites que montrer un chemin. Vos questions doivent être prononcées avec une véritable bienveillance. Gardez en tête que vous ne cherchez pas à régler vos comptes sur les causes mais bien à trouver une solution.

Je sais que nous ressentons tous de mauvais sentiments lorsqu'on a l'impression qu'il y avait au préalable quelque chose d'injuste. Si la personne dit « C'est vrai c'est le bazar, il faudrait ranger » alors que c'est elle qui l'a créé, vous allez être agacé et vouloir clarifier cela... mais ce n'est pas votre but. Laissez tomber. C'est une simple question d'égo. Voulez-vous nourrir votre égo ou atteindre votre but ?

C'est la différence entre les batailles et les guerres. Une guerre est composée de plusieurs batailles, peu importe celles que vous avez remportées ou perdues à partir du moment où chaque issue vous rapproche de la victoire de la guerre.

Vous remarquerez peut-être après avoir lu ce chapitre que les questions ouvertes sont largement utilisées par les commerciaux, les vendeurs et les prospecteurs. Même par les démarcheurs téléphoniques ! Car c'est l'autre point fort des questions ouvertes : on ne peut pas refuser facilement.

« ALLÔ ? J'AI UNE SUPER OFFRE POUR VOUS »

Imaginons que je fasse un démarchage pour un opérateur téléphonique. Le logiciel a fait sonner votre téléphone hier à différents moments pour voir quand vous décrochiez avant de raccrocher directement (vous savez maintenant à quoi servent ces étranges appels). Je me doute bien que vous avez déjà un fournisseur pour votre téléphone portable, alors je vais commencer par me présenter : « Je m'appelle Fabien Olicard, je travaille pour le réseau Violet qui propose une nouvelle offre et de nouveaux services à des conditions de lancement avantageuses. Qu'aimeriez-vous changer chez votre fournisseur actuel ? » Vous me répondrez peut-être « rien », mais ça n'est pas un problème car vous n'avez pas pu me dire « non merci, je ne veux pas changer de fournisseur ». Dans ce cas, je pourrais enchaîner avec : « Que préférez-vous chez votre fournisseur actuel ? » Il me suffirait ensuite de calibrer la conversation en fonction de vos réponses et des points forts qui correspondent à mon offre et que je peux mettre en avant. Même un « qu'est-ce qui pourrait vous inciter à changer de fournisseur de réseau téléphonique ? » me permettrait de marquer des points. Pour autant, vous êtes toujours libre et je suis toujours honnête.

Lorsque vous voulez manipuler quelqu'un honnêtement, vous devez vous concentrer d'abord sur la collecte de données. Plus vous en savez, plus vous êtes à l'écoute, plus vous pourrez poser les bonnes questions ouvertes qui emmèneront la personne en face sur le même raisonnement que vous. Sauf qu'au lieu d'imposer votre manière de voir les choses, vous l'aurez amené à comprendre par elle-même, cela deviendra sa réflexion, son idée.

Pour terminer, je vous transmets un conseil de Chris Voss, ancien négociateur d'otages pour le compte du FBI, qui implique encore plus la personne en face à trouver elle-même une solution. Ses questions ouvertes amènent l'autre à vous aider à l'aider ! Malin et éthique. Voici un petit exercice d'application directe.

« COMMENT SUIS-JE CENSÉ FAIRE ? »

Imaginez que vous souhaitiez passer une journée de repos au calme mais que votre meilleur ami veuille faire une randonnée. Peut-être même a-t-il commencé des techniques de manipulation émotionnelle pour vous forcer à accepter. Imaginez comment vous auriez répondu si vous aviez voulu refuser, qu'il n'insiste pas et qu'il ne vous en veuille pas.

Je vous laisse y réfléchir vraiment.

...

Terminé ? Parfait. Alors, avez-vous trouvé une solution honnête, éthique, pour manipuler sa demande sans lui faire perdre son libre-arbitre ? Et sans lui mentir ?

Avec les questions ouvertes, vous auriez pu dire : « Je me sens très fatigué en ce moment et c'est ma seule journée pour me reposer physiquement. J'aime pourtant beaucoup passer du temps avec toi, quelle solution suis-je censé trouver ? » Et c'est à lui maintenant de trouver la solution et donc de comprendre réellement votre problème.

LES POINTS À RETENIR

Pour utiliser la technique du « ni oui ni non », vous devez :

- expliquer la situation sans jugement ;
- ne pas mentir sur les données ;
- ne pas culpabiliser l'autre ;
- avoir une intonation réellement bienveillante ;
- terminer par une question ouverte, en impliquant l'autre.

La fin des préjugés

Cette technique n'est pas vraiment une manipulation mais plutôt une contre-manipulation. Comme un agent de contre-espionnage, vous allez profiter de la connaissance des données confidentielles de l'autre pour les corriger... Bon... Disons surtout que vous allez traiter en prévention ou en profondeur les préjugés que peuvent avoir d'autres personnes.

Lorsque j'ai sorti mon premier livre en 2017, mon éditrice voulait proposer comme titre « Tu es plus fort que tu ne le crois » et mettre sur la couverture des mentions voyantes du fait que j'étais présent sur YouTube et que j'étais mentaliste. Comme vous pouvez le constater, le livre s'appelle « Votre cerveau est extraordinaire », il n'y a pas de mention à YouTube et le mot « mentaliste » est discrètement inséré dans une phrase écrite en petite taille. Pourquoi ? Parce que je voulais éviter absolument d'ancrer les préjugés suivants :

1. L'utilisation du tutoiement : si le titre d'un livre utilise le tutoiement, on aura tendance à se dire qu'il s'adresse à la jeunesse uniquement. Or, le savoir touche tous les âges.

2. La mention à YouTube : ceux qui me connaissent par mes vidéos n'ont pas besoin qu'on leur rappelle qui je suis.

Par contre, celles et ceux qui connaissent mal la plateforme et qui ont des a priori négatifs sur ce que l'on peut y trouver ne prendront pas le livre dans leur main.

3. Mon statut de mentaliste : la question que l'on me pose le plus est « c'est quoi, le mentalisme ? ». C'est donc que ce terme n'est pas clairement défini. Ce qui veut dire que chacun a une définition très très large et qui peut jouer contre moi. Pour l'anecdote, certains libraires rangent les livres de mentalisme dans le rayon « Ésotérisme et sciences occultes »...

Le but était que les personnes prennent le livre, le feuillettent, et ensuite décident de l'acheter ou pas. C'est le contenu qui devait convaincre, donc tous les éléments susceptibles d'être soumis à des préjugés ont été bannis de la couverture lors de ma réflexion.

Vous avez compris que la première chose à faire est de manœuvrer pour éviter que des préjugés puissent apparaître. La deuxième étape est d'identifier les blocages liés à des préjugés. Plutôt que d'aller au conflit en hurlant à la personne qu'elle a tort et que ça n'est pas logique de penser comme ça (ne souriez pas, j'ai déjà assisté à des scènes de ce type), vous allez atténuer ce préjugé. Trois phases existent pour cela, elles peuvent être combinées ou non.

1. Première phase : pourquoi

Utilisez le pouvoir du « pourquoi ». Demandez à la personne de vous expliquer son préjugé, sans le juger vous-même d'ailleurs. Après son explication, demandez encore pourquoi en partant de ses éléments de réponses, puis... pourquoi... pourquoi... pourquoi... Vous allez au mieux l'amener à comprendre le manque de rationnel de son préjugé, et au pire, vous lui ferez admettre que son préjugé n'est que le miroir d'une autre croyance qui n'a rien à voir. Bonus ! Si vous pensez vous-même avoir un préjugé sur quelque chose ou quelqu'un : demandez-vous pourquoi et répondez-y comme si vous deviez le justifier à quelqu'un d'autre. C'est une solution très efficace pour automatiser la détection de ses propres préjugés.

2. Deuxième phase : le transfert de confiance

Le transfert de confiance est aussi simple que redoutable. Vous pouvez – toujours sans mentir, vous le savez – parler de quelqu'un que la personne admire sincèrement et qui n'a pas le même avis qu'elle. Si vous pouvez les faire discuter entre eux, c'est encore mieux. Démontrer que les personnes que votre interlocuteur trouve raisonnables ont toutes un avis inverse au sien va commencer à bouleverser ses croyances.

3. Troisième phase : les points communs

Trouvez des points communs, des ponts, entre ce qui est l'objet du préjugé et la personne à qui vous parlez. Imaginons qu'il s'agisse d'un sujet sensible comme la présence de migrants en France. Demandez à cette personne ce qu'elle ferait si son pays était en guerre et dangereux. Demandez-lui si sa priorité dans la vie n'est pas de prendre soin de sa famille. Faites autant de parallèles possibles sans jamais devenir moqueur, accusateur ou moralisateur. Votre but doit être simplement d'ouvrir le champ des pensées de la personne.

Quelle que soit la phase que vous mettrez en place, je vous recommande de toujours demander à la personne de préciser sa pensée. Moins vous parlerez et plus les idées viendront de l'autre. Si l'on me dit « Je suis sûr que ce restaurant est nul », nous sommes bien d'accord que le mot « sûr » est de trop. Si moi je veux y aller, je vais alors dire avec bienveillance « Pourquoi tu en es sûr ? » ou « Qu'est-ce que tu veux dire par "nul" ? ». C'est la seule manière de démonter les points de vue qui sont bourrés de préjugés. Les « je suis sûr », « c'est évident », « je suis persuadé que » sont des nids à préjugés qui tomberont si vous les auscultez morceau par morceau.

LE JOUR OÙ J'AI MANIPULÉ DISNEY

Voici une histoire qui a maintenant plus de dix ans. Nous sommes alors en 2010 et je dois rejoindre mon amie qui travaille au parc Disneyland Paris. Il faut savoir que les employés du parc bénéficient de certaines réductions sur leurs achats et c'est grâce à cet avantage qu'elle m'avait offert un pass annuel qui me permettait d'aller là-bas quand je voulais.

Ce détail a de l'importance car j'y vais en fin de journée, pour passer une heure ou deux dans le parc, le temps de prendre un café et de travailler... Oui, oui... travailler ! Avec ce pass, il n'était pas rare que je la rejoigne sans faire d'attractions, juste pour le plaisir d'écrire en étant au milieu d'un décor féérique.

Je prends le RER A en direction de Marne-la-Vallée. En bon Parisien depuis peu, j'ai mon pass Navigo au fond de la poche du jean, Pass Navigo réglé pour traverser toutes les zones puisque je vais régulièrement là-bas.

J'arrive enfin en gare, entre les deux parcs et le Disney Village. C'est la « maison », je connais bien. Je ne me presse pas et croise comme toujours un panel de gens qui courent, des sourires, des visages épuisés par une journée intense, des étrangers du monde entier, des vendeurs à la sauvette. Bref, le microcosme naturel autour du parc.

Il y a deux entrées pour le parc principal. Celle en face, dans l'alignement de l'hôtel et du château, et une plus discrète sur la droite, qu'ils utilisent aussi pour la bagagerie ainsi que pour faire sortir le public en fin de journée. En bon habitué de « chez Mickey », je me dirige donc sur la droite pour éviter les longues files d'attente de l'entrée principale. Tout en marchant je commence à me palper partout sur le haut du corps. Un autre visiteur aurait pensé que j'étais pris d'une crise de tocs ou de démangeaisons ! Je cherche en réalité mon portefeuille dans lequel se trouve mon pass annuel, sésame obligatoire pour actionner le tourniquet de l'entrée ! Je me rends à l'évidence… je n'ai pas pris mon portefeuille ! Et cette mauvaise habitude d'avoir mon pass Navigo dans mon jean m'a empêché d'en prendre conscience dès l'entrée du métro (j'aurais alors pu revenir chez moi pour le prendre). Si vous vous demandez si je l'ai perdu ou oublié, la réponse est : oublié. J'ai changé de manteau le jour même et j'ai tout bêtement omis de transférer le contenu des poches de l'un dans celui de l'autre…

Me voilà bien ! Je fais le point… Je n'ai pas mon pass annuel Disney, je n'ai pas ma carte d'identité pour essayer de prouver qui je suis afin que quelqu'un vérifie que j'ai un pass, je n'ai pas ma carte de crédit pour acheter une place (ce qui ne m'aurait pas arrangé au demeurant), mon amie termine son travail dans deux heures et n'est pas joignable avant, et je n'ai pas un euro sur moi pour aller me mettre au chaud et prendre un café en attendant. Je peux aussi faire les 90 minutes en sens inverse pour rentrer chez moi mais cette option m'agace plutôt que de me rassurer.

Il ne me reste plus que deux choses : le fait de savoir que je « sais » que j'ai le droit de rentrer et mes techniques de manipulation honnêtes. Je fais le point. Un *gentil*, un *pied dans la porte*, un *miroir* et une *sangsue* devraient suffire. Ce ne sont pas les ingrédients d'un nouveau conte de fées mais les surnoms que je donne aux méthodes que je pense devoir utiliser pour pouvoir rentrer dans le parc. C'est pas gagné, le parc accueille plus de 10 millions de personnes par an, alors s'il y avait moyen de rentrer sans payer, ça fait longtemps que ce problème serait réglé. Il y a quand même une différence, c'est que je ne veux pas payer… parce que j'ai un billet annuel légalement acheté… juste oublié… Mais je n'ai rien pour le prouver ou pour justifier mon identité… Je fais un check de ma jauge de courage, je ne vous cache pas qu'elle n'est pas très haute et que je ne suis pas à l'aise avec ce que j'envisage de faire. Mais la perspective de rentrer et d'avoir fait trois heures de transport en commun dans le froid pour rien m'envoie un peu d'adrénaline dans le sang. Je me lance !

En arrivant, j'étudie le terrain, il y a donc quelques tourniquets d'entrée et à droite, une sorte de petite maison qui sert de bureau et de bagagerie.

Je mets en place le *gentil* qui consiste à me détendre, à me rappeler pourquoi tout va bien et avoir le sourire. Un sourire sincère. Pourquoi ? Parce que personne n'a spontanément envie de parler à quelqu'un qui est triste, qui ne va pas bien ou qui a l'air énervé. Alors moi qui souhaite obtenir un privilège sans contrepartie, il faut que je sois le plus agréable possible pour que l'on veuille spontanément me parler.

Je repère le responsable de cette entrée. C'est important car ce que je vais demander nécessite d'avoir quelqu'un qui ait le pouvoir de le faire, donc autant choisir le plus haut dans l'échelle hiérarchique parmi les personnes présentes. Disney et leurs tenues permettent de distinguer cette hiérarchie en un seul coup d'œil. Pour le moment, le supérieur hiérarchique est devant les entrées en train d'aider. Je pense que ça n'est pas le bon moment car il règle nécessairement des choses. Si j'arrive maintenant, je serais un problème de plus qui se réglera d'un « désolé, ça n'est pas possible ». J'attends donc quelques minutes et il se dirige à l'entrée de la petite maison. Une fois qu'il est entré, je le suis et me poste juste devant l'entrée. J'entame la conversation avec *un pied dans la porte,* technique qui consiste à obtenir des réponses faciles et positives avant de formuler sa vraie demande ; l'engagement positif qui a eu lieu favorise les chances d'avoir un « oui » ensuite. Si par exemple vous demandez à quelqu'un à quelle heure passe le bus, vous doublez vos chances d'avoir un oui si vous demandez ensuite une pièce pour acheter votre billet. J'ouvre les hostilités :

– Bonjour, je m'excuse, je voudrais vous poser une question toute bête.

– Bonjour, je vous écoute.

– Est-ce que les pass annuels sont nominatifs ?

– Tout à fait, ils sont nominatifs et personnels.

– Donc si j'ai oublié le mien, vous pouvez me retrouver avec mon nom ?

Je le vois légèrement embêté, je comprends directement que ça n'est pas si simple pour me faire entrer, et intérieurement, je me dis qu'il ne sait pas encore que je n'ai pas de quoi justifier mon identité. Je sais que je ne dois pas perdre mon temps donc je vais devoir accélérer après sa réponse.

– Malheureusement, nous ne pouvons pas faire entrer une personne sans son pass annuel.

Génial ! Il a dit « nous ne pouvons pas faire entrer », cela sous-entend donc que c'est possible de me retrouver. Je vais enchaîner sur la fin du problème comme s'il m'avait dit que c'était possible et je vais commencer le mode *miroir* qui consiste à formuler ce qu'il ressent, à mettre des mots sur ce qu'il pense et sur son état. Cette technique permet de lui montrer que je suis du même côté que lui dans la partie, que ça n'est pas un combat :

– Je comprends. Par contre, cela va être d'autant plus difficile que c'est tout mon portefeuille que j'ai oublié, je n'ai donc pas de pièce d'identité sur moi, hormis mon pass Navigo qui a mon nom et ma photo. Mais je me souviens d'avoir fait la photo dans le parc lors de la création du pass, du coup, elle est forcément rattachée à mon nom et au numéro du pass.

– Oui. Malheureusement sans le pass sur vous, vous ne pouvez pas entrer dans le parc.

– Je suis désolé. Je comprends. Vous ne pouvez pas prendre cette décision même si je dois être dans vos fichiers avec ma photo.

... Et je reste planté là. Avec cette phrase affirmative et

compréhensive. Pourquoi ? Parce que la *sangsue* a commencé. Je bloque littéralement la sortie de cette maison/bureau par ma présence physique. Il va donc être obligé de relancer la conversation pour que je me pousse car n'oublions pas que nous sommes à Disney, devant les visiteurs qui entrent et sortent à quelques mètres de nous, il va devoir réagir avec une forme de politesse propre à ce parc d'attractions.

– Comme je vous l'expliquais, vous ne pourrez malheureusement pas entrer aujourd'hui.

La *sangsue* ne bouge pas et s'associe au *gentil*.

– Je comprends, monsieur. Du coup, qu'est-ce que l'on peut faire ?

Cette question ouverte est triplement déstabilisante car d'une part, je garde le sourire et une posture amicale (je ne suis donc pas une menace de scandale), en même temps j'utilise le terme « monsieur » qui lui indique que je le respecte (et qui montre donc que c'est bien lui qui a le pouvoir) mais en parallèle, je reste planté là, devant lui, en posant une question qui montre que je n'ai rien compris (ou que je ne veux pas comprendre). Cette question est tellement forte que je vais la répéter trois fois d'affilée malgré ses précisions sur le côté impossible de ma requête.

À la troisième fois, il me demande de le suivre, je me demande si ça n'est pas sa riposte pour me faire bouger, et il aurait d'ailleurs obtenu victoire car je m'écarte pour le laisser passer et le suivre. Il s'approche de l'entrée numéro 1, dit quelques mots à la jeune femme et prend une carte blanche, vierge, pour la badger sur le tourniquet et me laisser entrer.

Je le remercie vivement sans m'attarder outre mesure et il me salue avec un sourire que je pense sincère.

Je crois que nous ne sommes que très peu à pouvoir affirmer être entrés dans ce grand parc d'attractions sans billet. Mais le fait est que j'ai pu entrer sans argent, sans ticket et sans pièce d'identité. Pour autant, je n'ai pas été hors-la-loi puisque j'étais réellement titulaire d'un billet annuel payé en bonne et due forme.

Les méthodes de manipulation que j'ai utilisées ce jour-là étaient honnêtes. Pas bienveillantes, puisque l'objectif n'était qu'à mon bénéfice. Mais honnêtes quand même car je n'ai pas poussé l'employé à commettre quelque chose de répréhensible, je n'ai pas menti sur ma situation et je n'ai pas cherché à bénéficier d'une gratuité. Je n'ai pas fait croire des choses fausses à la personne en face de moi, je n'ai pas été agressif envers elle. J'ai enfilé mes plus beaux atours de courtoisie (sincère) et de sourire (sincère), j'ai admis dès le début que si ça ne fonctionnait pas, j'allais arrêter pour laisser cet homme faire son travail. C'est toutes ces caractéristiques qui font qu'une telle série de manipulations reste du bon côté de la balance. Comme toujours, c'est les intentions et la légitimité qui font qu'une manipulation reste positive ou pas.

Je ne conseille à personne d'aller à Disney et d'essayer de le refaire, en aucun cas je vous donne une méthode ici, mais je voulais vous partager un souvenir réel (que j'avais d'ailleurs raconté dans mes premières vidéos sur YouTube) où j'essayais de transgresser une situation qui me paraissait injustifiée, même si l'on peut se dire que je n'avais qu'à prendre mon portefeuille pour ne pas avoir ce souci.

LES POINTS À RETENIR

Pour manipuler de manière positive une conversation, il faut :

- ne pas chercher à extorquer ;
- ne pas mentir sur les données ou sur son objectif ;
- ne pas être agressif ou menaçant ;
- être certain de la légitimité de son objectif (de manière quasi objective) ;
- être prêt à s'arrêter si cela ne fonctionne pas et que la conversation n'est plus cordiale.

LE LIBRE-ARBITRE

Il est le point clé de notre liberté. On le retrouve au final au centre de la manipulation et de l'anti-manipulation. On peut parfois jouer volontairement avec, sans oublier qu'il est l'un de nos biens les plus précieux.

LE JOUR OÙ J'AI MANIPULÉ VOTRE CHOIX

Une fois n'est pas coutume, je vais vous manipuler par le biais de ce livre. Pour vous dire la vérité, ce que je vais faire ici a été une réflexion que j'ai eue il y a cinq ans. J'étais sur YouTube depuis presque un an et j'avais rencontré un jeune homme, Jordan, qui se faisait appeler YouTunes. Nous étions des vidéastes récents sur la plateforme, avec un état d'esprit bienveillant et curieux. Pour la petite histoire, Jordan s'appelle maintenant Joyca et il vient de passer la barre des 4 millions d'abonnés !

Nous voulions donc réaliser une collaboration en vidéo, chacun sur nos chaînes respectives, qui sortirait le même jour à la même heure. Jordan fait sa valise, part de Grenoble et me rejoint à Paris. Pour la vidéo que nous faisons sur ma chaîne, le projet est réglé, je suis dans mon élément, je vais donc lui faire du mentalisme orienté sur son sujet de prédilection : la musique. Pour sa chaîne, il faut à l'inverse intégrer mon univers dans le sien… Donc faire une chanson qui mentalise son audience et qui reste divertissante à voir et à écouter. Pas simple.

Je me retourne la tête. Comment influencer chaque personne qui regarde la vidéo, à n'importe quel moment et sans être à leur côté. Je pense naturellement à des systèmes mathématiques qui me permettraient de guider leurs choix, mais justement, si on se sent forcé, l'effet est amoindri. Comment influencer les personnes qui regardent en leur laissant l'impression de faire leurs propres choix ? L'idée est venue et c'est ainsi que le 1er décembre 2016 a été publiée « la musique qui lit dans tes pensées » qui cumule plus d'un million de vues (car toujours disponible sur sa chaîne).

Vous allez voir qu'elle fonctionne aussi à l'écrit et, contrairement au contenu de la vidéo, je vous expliquerai ce qui se cache derrière pour regarder comment s'est comporté votre libre-arbitre.

LE TEXTE QUI MENTALISE

Tout d'abord, vous allez penser à un prénom féminin. Une personne de votre entourage peut-être ? Pensez à elle et concentrez-vous sur la dernière lettre de son prénom. Uniquement la dernière lettre. Oubliez tout le reste et visualisez cette lettre.

Imaginez maintenant que vous souhaitez faire un voyage avec cette personne, vous allez l'emmener dans un pays situé dans l'Union européenne. Mais attention, tout est lié ! Le pays européen que vous allez choisir doit commencer par la lettre que vous aviez en tête. La dernière lettre de son prénom. Vous pensez donc à un pays d'Europe qui commence par la dernière lettre de son prénom.

Focalisez votre attention sur la dernière lettre de ce pays. Oubliez le reste du pays, oubliez la personne, ne retenez que la dernière lettre du pays européen auquel vous pensez.

Dans ce pays, vous allez croiser un animal qui marche dans la rue... Un animal qui commence par cette lettre (la dernière du pays européen). Pour que cela reste intéressant, il faut un animal plus gros qu'un chien. En avez-vous un en tête ? Un animal plus gros qu'un chien qui commence par la dernière lettre de votre pays d'Europe ? Parfait.

Pour terminer, nous allons brouiller les pistes.
Pensez à la deuxième lettre de cet animal. Uniquement la deuxième lettre. Et oubliez tout le reste. Oubliez l'animal, le pays et la personne. Focalisez uniquement sur cette deuxième lettre.

Vous avez fait vos choix, depuis la personne (que je ne peux pas connaître) au pays et à l'animal. Vous avez une lettre en tête (la deuxième de l'animal) et je vais vous demander une seule chose : pensez à un fruit qui commence par cette lettre... Je sens que ça n'est pas instantané, comme si vous cherchiez... et c'est vrai... que le *litchi* n'est pas un fruit commun à trouver.

Alors ? Que s'est-il passé ?

Dans la grande majorité des cas, vous pensiez à « litchi » (ou vous n'aviez pas encore trouvé de fruit qui commence par un L), un faible pourcentage d'entre vous pensait à « lime » et un pourcentage quasi inexistant pensait à autre chose (si c'est votre cas, je vous invite à faire cette expérience sur une personne de votre entourage).

Pourquoi cela fonctionne ? Pourquoi avez-vous eu cette émotion particulière quand j'ai trouvé votre fruit ? Parce que vous avez eu l'illusion d'avoir le pouvoir de décider de tout.

La technique de manipulation que j'ai employée est celle de l'entonnoir. Dans un premier temps, je vous ai demandé de penser à un prénom féminin de votre choix, c'est là où j'ai obtenu votre adhésion au fait que vous choisissiez toujours ce que vous vouliez. Pourquoi un prénom féminin ? Parce que beaucoup d'entre eux se terminent par la lettre E (qui est la lettre que je souhaite avoir pour la suite).

Pour la deuxième étape, je vous ai demandé de choisir un pays d'Europe qui commence par la dernière lettre du prénom. Sans que vous le ressentiez, j'ai déjà commencé à refermer l'entonnoir. Tout d'abord, j'ai dit « un pays d'Europe » au lieu d'« un pays », ce qui réduit considérablement vos options. Ensuite, je vous oblige à ce qu'il commence par la dernière lettre de l'étape d'avant. Si vous aviez un E, alors vous êtes obligé de penser à « Espagne » ou à « Estonie »... ça tombe bien, ces pays terminent par un E qui est toujours la lettre que je veux ! D'ailleurs, regardez mon entonnoir plus en détail : il n'existe que quatre pays européens qui ne se terminent pas par un E : le Portugal, le Luxembourg, les Pays-Bas et le Danemark... Et franchement, il n'y a pas beaucoup de prénoms féminins qui se terminent par un P, un L ou un D.

Maintenant que je suis sûr à 99 % que vous pensez à un E, je vous oriente vers un animal qui commence par cette lettre. Je dois vous emmener vers un animal dont la deuxième lettre serait un L pour réussir ma démonstration. Je vais resserrer l'entonnoir d'abord de manière subtile, grâce à l'histoire que je raconte en vous disant : « Vous croisez un animal qui marche dans la rue » ce qui supprime l'espadon (et tous les animaux marins) ainsi que l'épervier (et tous les animaux volants). Et je resserre plus directement en disant « un animal plus gros qu'un chien » avec l'argument fallacieux « pour que ce soit plus intéressant ». Sérieusement, pourquoi ça serait plus intéressant ? Je n'en sais rien et vous non plus puisque pour le moment, vous ne connaissez pas la fin... Et lorsque vous la connaîtrez, vous aurez oublié ce détail, mais je serai certain que vous n'avez pas choisi l'écureuil ou l'escargot par exemple. Mais « pour que ce soit plus intéressant » me sert à vous faire accepter la cohérence de mon entonnoir qui est maintenant très très fin. Il ne reste comme choix qu'« éléphant », « élan » et « émeu ». J'ai donc 66 % de chance pour que vous ayez un L en deuxième lettre et objectivement, beaucoup plus puisque vous allez spontanément penser à « éléphant » dans la grande majorité des cas.

Pour terminer, le goulot de l'entonnoir laissant maintenant à peine passer un filet de votre libre-arbitre, je vous emmène à penser à un fruit qui commence par un L... Avec un choix limité à « litchi » et « lime ». Et encore ! Même à cette étape, j'essaye d'étouffer ce qui vous restait de libre-arbitre en disant « c'est vrai que le litchi n'est pas un fruit courant » ; ainsi, je profite du fait que vous n'avez peut-être pas encore trouvé pour vous faire accepter « litchi » comme réponse valable.

Je trouvais que cette anecdote était la meilleure manière de vous démontrer la stratégie de l'entonnoir qui, lorsqu'elle commence par une vraie liberté de choix, resserre son étau inexorablement vers un choix imposé. Et pour les 1 % ou 2 % qui n'ont pas trouvé « litchi », me direz-vous ? C'était un pourcentage d'échec que j'étais prêt à assumer pour créer la vidéo de cette surprenante expérience.

Je laisse maintenant cette expérience entre vos mains pour que vous puissiez la refaire à votre entourage. En plus de vous amuser, vous allez aussi constater l'importance et le poids des mots. Rien n'est laissé au hasard et vous verrez qu'en oubliant un mot ou qu'en reformulant trop de phrases… le résultat dévie car l'entonnoir n'a plus la bonne forme. Amusez-vous bien !

SURVEILLEZ VOTRE LIBERTÉ

Il est impensable pour un antiguide de manipulation de ne pas vous parler de votre liberté. La seule question que vous devez vous poser régulièrement est : « Ai-je toujours mon libre-arbitre ? » Vous verrez dans cet ouvrage qu'il ne suffit pas d'avoir l'impression d'avoir le pouvoir pour l'avoir vraiment… Certains manipulateurs n'hésitent pas à se montrer plus faibles afin de baisser le seuil de votre esprit critique.

Pour exister en collectivité, la liberté a besoin d'un minimum de cadre. Nous y sommes habitués depuis notre naissance. Et cette habitude nous amène à accepter, sans prendre garde, des cadres qui nous semblent familiers.

Imaginez que chaque année, j'aille en vacances avec mon meilleur ami, que chaque année, il choisisse la destination où nous allons. Cette année, me sentant agacé, il me dit : « Fabien, cette année c'est toi qui choisis, on va à la mer ou à la montagne, je me plierai à ta décision, c'est toi le chef. » Et c'est vrai qu'il me laisse choisir… parmi les deux options qu'il m'a imposées ! « La mer » ou « la montagne » ! Pourtant, il y a beaucoup de possibilités qui n'ont pas été évoquées : partir dans une grande ville, faire un road trip, visiter un pays étranger, etc. Mais ce cadre familier me donnant un semblant de liberté peut me faire baisser la garde, c'est exactement la raison pour laquelle l'entonnoir du chapitre précédent a fonctionné.

Prenons un autre exemple : les élections présidentielles françaises. Elles sont le symbole de la démocratie et donc de notre liberté. Pourtant, aucun système électoral n'est exempt de tout défaut. Dans notre système actuel, nous sommes « forcés » malgré nous de voter « contre » au lieu de voter « pour ». En effet, nous avons peur, en donnant notre voix à un petit candidat qui a peu de chance d'être au second tour, de voir apparaître au second tour deux personnes qui ne nous conviennent pas du tout. Du coup, on préférera donner sa voix à une personne que l'on veut être certain de voir au second tour, même si elle ne représente pas complètement nos idées.

C'est une dure réalité mais c'est un fait. L'élection au scrutin majoritaire en deux tours favorise malgré lui les gros candidats.

Il y a évidemment des alternatives comme :

- le vote au classement partiel et à élimination successive (actuellement utilisé en Irlande, en Australie, à Malte, etc.) où le votant doit choisir un certain nombre de candidats et les classer par ordre de préférence. Le « point de vote » de l'électeur est considéré comme étant le premier choix de sa liste. Les comptes sont faits et le candidat qui a obtenu le moins de voix est éliminé. Si c'était le premier candidat de la liste de l'électeur, alors son point de vote va maintenant au deuxième candidat de sa liste. Et les comptages et éliminations continuent jusqu'à ce qu'il ne reste qu'un seul candidat qui remporte l'élection. Avec ce système, c'est comme si l'électeur avait voté plusieurs fois en une.

- Le vote par note, où les électeurs notent de la même manière l'ensemble des candidats. Si on imagine que les notes vont de 0 à 5, alors il est tout à fait possible de donner 5 points plusieurs fois (puisqu'il ne s'agit pas d'un classement mais d'une appréciation). Le candidat qui obtient le plus de points gagne alors l'élection.

- Le vote par approbation, où l'on approuve un à un les candidats avec un « oui » ou un « non ». À chaque fois qu'un candidat reçoit un « oui », il marque un point. Le candidat ayant le plus de points remporte l'élection.

Il existe encore d'autres systèmes[1].

Cet exemple politique pour démontrer qu'il est facile d'admettre un cadre sans le remettre en question, sans le percevoir. Il y a de fortes chances qu'avant aujourd'hui, vous ayez considéré le système des élections présidentielles françaises comme logique et sans alternatives pour garantir votre liberté de vote.

1. Si cela vous intéresse, je vous invite à regarder ma vidéo « Élections présidentielles 2017 : il y avait une solution alternative » sur YouTube qui détaille ce sujet plus en profondeur.

LES POINTS À RETENIR

Dans tous les moments de votre vie, dans vos échanges, dans votre travail, dans la société, demandez-vous si vous êtes le seul garant de votre liberté. Le libre-arbitre est pour moi, avec votre temps, le bien le plus précieux. C'est pour cela que les manipulateurs veulent faire en sorte de le manipuler car en vous le volant, ils volent bien souvent votre énergie :

- en achetant quelque chose que vous ne vouliez pas (vous avez passé du temps à travailler pour gagner de l'argent pour rien) ;
- en aidant à quelque chose que vous ne vouliez pas faire ;
- en acceptant une proposition que vous ne vouliez pas (vos actions liées à cette proposition vont vous prendre de l'énergie) ;
- etc.

LE POUVOIR DE L'INFLUENCE NATURELLE

Si, dans cet ouvrage, je cherche à faire un tour d'horizon actuel et pratique des principales techniques de manipulation (positive et négative), il ne faudrait pas négliger ce que l'on peut appeler « l'influence naturelle ».

Comme dans un jeu vidéo, nous avons des points de compétences répartis plus ou moins équitablement. Certains d'entre nous sont de bons sportifs, d'autres ont beaucoup de points d'adaptation, etc. Ces compétences ont une part d'inné, une part d'environnement incluant l'éducation familiale, et enfin une part d'expérience personnelle. Pour quasiment l'intégralité des compétences (j'aimerais dire « pour toutes » mais à ce jour, aucune étude n'a été faite sur le sujet), nous pouvons agir pour nous former et prendre du galon.

L'influence naturelle ne déroge pas à cette règle et peut être entraînée. En développant une influence bienveillante naturelle, vous vous assurez d'être du bon côté de la ligne déontologique, même dans vos réactions réflexes, et vous devenez naturellement plus convaincant dans votre quotidien.

Je pense qu'il vaut mieux apprendre à pêcher plutôt que se faire offrir quelques poissons, alors voici comment procéder.

DONNER EN RETOUR

C'est un réflexe à acquérir. Comme tous les points que je vais citer ici, il est parfois naturellement présent chez certains d'entre vous. Lorsque l'on reçoit quelque chose de positif, on peut remercier, éprouver de la joie et la montrer. L'étape en plus consiste à réfléchir comment rendre dans le temps ce même sentiment à la personne.

Par exemple, si une personne vous souhaite votre anniversaire et que cela vous surprend (parce qu'elle l'avait entendu et retenu au détour d'une conversation par exemple), il peut lui être tout aussi agréable que vous pensiez au sien. Dans ce cas, il vous suffit de vous renseigner (ou de lui demander) et de le noter dans votre agenda.
Autre exemple, un ami vous aide spontanément pour une tâche que vous n'aviez pas envie de faire, alors que vous ne lui avez rien demandé. Notez dans un coin de votre esprit de lui rendre la pareille spontanément, c'est-à-dire un jour où il ne vous aura rien demandé de particulier.

Dans tous les cas, l'idée est de rendre l'émotion positive que l'on vous avait donnée. C'est une manière forte de valoriser vos relations et donc la confiance que l'on vous accorde. Par extension, les personnes au courant de votre attitude positive, même s'ils n'ont pas été au cœur du sujet, vous noteront inconsciemment comme une personne de confiance. Cela marche aussi pour votre relation à un groupe. Il n'est pas rare par exemple qu'un artiste produise quelque chose de gratuit afin de remercier sa communauté.

Et, cela va s'en dire, vous devez agir à chaque fois de manière sincère et sans intérêt.

LA FORCE DE LA SYMPATHIE

Vous vous dites « merci Fabien, on sait bien que, si on est sympa, c'est plus facile ». La sympathie est pourtant assez mal connue.

Être sympa signifie avoir un comportement qui donne envie d'être votre ami… Et cela se travaille… en profondeur ! C'est à vous de décider d'être souriant, agréable, sympathique.

Par exemple, vous sortez d'une réunion où vous étiez agacé contre un collègue et vous partez rejoindre des amis. Sur le trajet, c'est à vous de décider mentalement de changer votre perception du monde en refermant cette réunion mentalement pour redevenir plus positif, plus neutre, afin de ne pas arriver avec un état d'esprit désagréable à votre repas entre amis.

Être sympa, c'est afficher deux choses : du sourire sincère et des points communs. C'est un combo imparable. Et pour savoir que l'on a des points communs, il faut discuter ou le démontrer. Est-ce que cela augmente vraiment votre influence naturelle ? Oui ! Une étude a même prouvé que la réussite d'une négociation pouvait passer de 6 à 30 % de chances d'aboutir lorsque les deux parties comprenaient qu'elles avaient des points en commun.

LA PAROLE DURE ET TENUE

Pas de panique, il ne s'agit pas de parler durement mais bien d'avoir une parole solide. C'est l'un des points auxquels je fais le plus attention dans ma vie personnelle et professionnelle.

Le but est de ne jamais parler à la légère pour être toujours fiable. Vous avez tout à gagner à ne pas dire oui lorsque vous n'êtes pas sûr de pouvoir faire quelque chose. Par extension, il faut aussi être vigilant aux engagements que vous pouvez prendre... sans que l'on ne vous ait rien demandé. Si vous ne tenez pas cet engagement, vous générez de la déception chez l'autre.

Imaginez que vous êtes avec un de vos amis, que vous parlez d'acheter un nouveau jeu de société et qu'il vous dise : « Attends, j'en ai un qui est super, je te l'apporterai, comme ça, tu pourras l'essayer. » Mais à chaque fois que vous devez vous voir, il ne l'a pas... Vous lui rappelez de temps en temps, puis vous arrêtez de le faire, car vous avez le sentiment de le harceler... pour quelque chose que vous n'avez même pas demandé au départ ! Vous sentez les émotions négatives qui peuvent entourer un simple prêt de jeu de société...

Il faut toujours réfléchir à son engagement avant de le formuler, c'est une excellente manière d'épaissir votre fiabilité vis-à-vis des autres, votre réputation et donc votre influence naturelle.

LA DOUBLE COHÉRENCE

Dans la même lignée que la parole dure, vous devez travailler votre cohérence et stimuler celle des autres. C'est une influence naturelle assez puissante.

Commençons par votre cohérence. Vous devez veiller à ce que vos actes et vos paroles soient cohérents dans un maximum de circonstances. Vous ne pouvez par exemple pas prêcher la bienveillance tout en médisant sur les autres. Vous ne pouvez pas louer l'importance de l'entraide sans jamais être disposé à aider les autres. Pour être cohérent, il faut parfois nuancer la verve de ses avis, être moins radical dans sa pensée en regardant objectivement ce que vous faites vous-même concernant le sujet abordé. La cohérence marche aussi dans le milieu professionnel.

Si, demain, je lançais une émission de cuisine où je décidais de cuisiner en buvant de l'alcool, vous trouveriez ça incohérent avec l'univers que vous connaissez de moi, et avouez que je perdrais en crédibilité à vos yeux... Pourtant, c'est exactement l'émission qu'a lancée monsieur Poulpe, comédien et humoriste, il y a quelques années, et tout le monde a trouvé ça génial car c'était cohérent avec ce qu'il dégage, dit et fait depuis toujours.

Continuons avec la cohérence des autres. Travailler sur la cohérence des autres, c'est surtout les amener à être impliqués en permanence dans ce qu'ils font, à leur proposer d'être actifs plutôt que passifs. C'est ensuite leur besoin de cohérence qui enclenchera la machine.

UN EXEMPLE CONCRET

Il y a des années, des médecins se sont demandé comment faire pour éviter les annulations de rendez-vous, et pour limiter le nombre de personnes qui ne viennent pas sans prévenir de leur absence. Une idée directement liée au besoin de cohérence a été mise en place dans plusieurs cabinets. Normalement, les personnes qui voulaient un rendez-vous devaient se déplacer dans ces cabinets, les secrétaires médicales prenaient alors l'initiative pour proposer une date et un créneau, généraient une fiche patient et rentraient la consultation dans le système informatique. Le changement fut le suivant. Les patients se présentaient encore pour prendre rendez-vous et la secrétaire médicale leur donnait une fiche sur laquelle le patient allait choisir la date et l'heure de son rendez-vous (en fonction des disponibilités restantes du médecin bien entendu), puis il remplissait les détails de la fiche de réservation. Résultat : presque 20 % d'annulations en moins avec cette méthode. Car les personnes qui avaient une cohérence naturelle déjà développée se sentaient obligées d'être présentes au rendez-vous qu'elles avaient elles-mêmes fixé.

En rendant les personnes plus actives, vous stimulez également leur propre cohérence naturelle.

L'ART DU MIMÉTISME

J'appelle le mimétisme un cocktail réunissant le mimétisme au sens propre et la capacité d'adaptation. Vous devez prendre le temps d'appréhender le monde qui vous entoure en vous y adaptant. Le moyen le plus simple étant d'en adopter l'ambiance et les codes. Le plus dur étant de rester fidèle à soi-même et d'être dans sa cohérence personnelle.

C'est une question de curseur à régler qui fera que vous « passez » partout tout en étant vous-même. Cela vaut pour tous les moments, pas nécessairement dans des endroits ou avec des personnes de votre environnement.

EXEMPLE

Vous êtes très joyeux, en pleine forme, les batteries gonflées à bloc. Vous avez de l'énergie... peut-être un peu trop ! Et vous devez rejoindre des collègues qui sont déjà en réunion depuis quelque temps, disons une heure. En entrant dans la pièce, la première chose à faire est de jauger l'ambiance du groupe pour vous y adapter. En effet, même si vous connaissez très bien vos collègues et le lieu, vous ne savez pas ce qui s'est dit, vous ne connaissez pas l'état actuel du groupe.
Partons dans un extrême et imaginons que l'un de vos collègues vient de se confier sur une tragédie dans sa vie personnelle. Vous ne pourrez pas le savoir en entrant dans la pièce, mais vous pourrez vite percevoir une ambiance calme, respectueuse et peut-être un peu pesante. Le mimétisme ne vous oblige pas à entrer dans cet état d'esprit précis (qui serait d'ailleurs étrange puisque vous ne connaissez pas la cause de cette ambiance un peu terne), mais vous pouvez baisser un peu le volume de votre voix, maîtriser votre énergie et transformer votre bonne humeur débordante en sourire et bienveillance.

Régler les curseurs, adopter les codes, savoir s'intégrer sont les clés d'un mimétisme qui augmentera significativement votre influence naturelle.

LA PRÉCISION COMME CIMENT FINAL

Inutile d'être un expert lorsque vous dites ou faites quelque chose. La précision, c'est d'être clair dans ses actes et ses propos. Comme je vous l'explique dans la partie à venir sur les mauvaises techniques de manipulation, nous avons tendance à être affirmatif, à utiliser des astuces de manipulation sans nous en rendre compte. D'ailleurs, nos interlocuteurs ne se voient pas en faire autant et ne perçoivent pas consciemment ce que l'on fait.

Paradoxalement, lorsque vous cessez de le faire, les autres le ressentent. Ils ne le traduisent pas forcément comme cela, mais comprennent que l'on peut vous faire confiance, car vous êtes toujours juste dans ce que vous dites et faites.

Vous pouvez par exemple nuancer vos propos lorsque vous parlez d'un sujet : « Je pense que », « Je crois que », « Il me semble que » sont souvent bien plus honnêtes qu'un « Il est évident que », « Tout le monde sait que », « C'est sûr que ». La nuance n'empêche pas de s'affirmer, elle vous fait gagner en crédibilité, et donc, toujours, en influence naturelle.

Pour conclure cette partie, j'aimerais attirer votre attention sur le travail en profondeur que nécessite la manipulation positive. En développant votre influence naturelle, vous anticipez le moment de manipulation, c'est ce que l'on appelle la « pré-suasion ». Ce terme inventé par Robert Cialdini dans son livre éponyme[1] met l'accent sur un instant oublié de la manipulation : l'instant juste avant. Il y a les actes, les mots, mais également le passif que l'on attribue à une personne et qui va établir une saine relation de confiance entre les individus (que ça soit par expérience ou simplement par la réputation). Cet instant juste avant, vous l'optimiserez en devenant naturellement un manipulateur du bon côté de la force.

---

1. Robert Cialdini, *Pré-suasion*, First, 2017.

LA MANIPULATION NÉGATIVE

LES TECHNIQUES COURANTES DE MANIPULATION ET LEURS BOUCLIERS

Comment se protéger d'une attaque manipulatrice efficacement ? En apprenant à la reconnaître. J'appelle ça « la médecine de la manipulation ». Lorsqu'un médecin effectue un diagnostic, il détecte tout d'abord que le patient est malade, il doit ensuite identifier le virus ou la bactérie pour utiliser le bon médicament pour soigner cette personne. Pour la manipulation, le procédé n'est pas si différent. Vous allez apprendre à reconnaître les techniques couramment utilisées, ainsi vous pourrez les identifier et utiliser le bon contre-sort pour vous en sortir... avec bienveillance !

Sans vous en rendre compte, vous avez déjà appris beaucoup dans les chapitres précédents. La connaissance des biais cognitifs majeurs vous aidera déjà à refermer des failles mentales donnant accès à votre libre-arbitre . Alors je vais faire comme pour une bonne boîte de magie pour enfant : au lieu de vous lister 100 techniques qui se ressemblent et d'intérêt inégal, je vous propose les 6 manipulations les plus courantes.

LA PUISSANCE DES GRANDS NOMBRES

On l'appelle aussi « l'argument du nombre ». Vous avez déjà été confronté à cette technique qui fait appel à... la sagesse de la foule (si tant est que la foule évoquée soit réelle d'ailleurs). Si vous roulez sur l'autoroute et que vous croisez une voiture en sens inverse, vous ne douterez pas que vous êtes dans le bon sens. Mais imaginez que vous croisiez vingt voitures roulant en sens inverse... malgré le fait que les panneaux soient dans le bon sens de lecture pour vous, vous allez commencer à vous poser des questions. Les manipulateurs utilisent parfois la puissance du nombre pour vous faire douter. Car comment autant de personnes pourraient être dans l'erreur ? Pourquoi « vous », tout seul dans votre coin, auriez raison et pourquoi cette foule aurait tort ? Ajoutez à cela que le cerveau humain fait tout pour éviter le rejet social... et vous obtenez un argument irrationnel qui agit sur de l'émotionnel.

EXEMPLE

Voici un exemple que j'ai vécu encore récemment : « Je ne comprends pas que vous vouliez détailler de nouveau tout le contrat. Toutes les personnes qui ont travaillé avec nous ont signé sans aucun problème et elles en étaient toutes très contentes. »

On m'explique donc que la majorité absolue des personnes ayant été à ma place ont signé ce contrat. D'une part, cette majorité absolue est virtuelle, rien ne la représente et je ne sais pas si c'est vrai. D'autre part, personne n'évoque les personnes qui n'ont *pas* travaillé avec eux… Qu'elles existent ou non. Enfin, rien ne définit le caractère inutile de ma demande sous prétexte qu'un certain nombre de personnes n'a pas remis en cause le contrat.

Bouclier

Vous pouvez bien sûr utiliser un bouclier. Il consiste simplement à faire tomber le masque de cette manipulation : « C'est tout à fait probable effectivement. Néanmoins, le fait que beaucoup de personnes n'aient pas voulu détailler le contrat ne signifie pas qu'il soit exempt de choses à modifier. Il est donc important pour moi de me faire ma propre opinion dessus puisque chaque collaboration entre deux parties est unique. »

STATISTIQUEMENT VÔTRE

Celui-là, je l'adore ! Tant pour le bouclier que pour le fait qu'on l'a tous utilisé consciemment ou inconsciemment. Donc, en plus d'apprendre à le déjouer, vous allez apprendre, en l'identifiant, à arrêter de vous en servir. Je vous promets que la prochaine fois que vous allez le faire par habitude, une petite ampoule avec ma tête va s'allumer dans votre esprit qui dira : « Attention... on essaie de manipuler... »

Comme vous vous en doutez, cette manipulation consiste à sortir un chiffre, une statistique ou un ratio complètement arbitraire, et surtout sans aucun fondement, sans aucune donnée de référence. Mais notre cerveau accorde du crédit aux chiffres, on lui a appris, il va donc les accepter plus facilement.

EXEMPLES

- « Franchement, je marchais dans la rue pendant le confinement et les 3/4 des gens portaient mal leurs masques. »
- « Vous savez, 90 % des voisins pensent comme nous. »
- « Pourquoi trier ? 8 fois sur 10, ça n'est pas recyclé. »

Vous voyez comme ces phrases sonnent vrai ? Alors qu'il n'y a aucun savoir de ma part au moment où je les écris. Aucune donnée. Aucun comptage réel. Et le pire, c'est que dans le fond, nous le savons bien ! Je pourrais même pousser le vice à écrire : « 9 fois sur 10, nous savons bien que notre chiffre est faux. »

➡ Bouclier

Le bouclier est très déstabilisant pour la personne car il fait prendre conscience de la coquille vide qu'est le nombre qu'elle vous donne : « Excusez-moi, lorsque vous dites "90 % du temps", c'est dans quelle étude ou dans quel livre que vous avez appris ce nombre ? Ou alors, vous dites ça de votre point de vue, mais en vous basant sur quelles données ? »

LE CHOIX IMPOSÉ

Comment le fait de choisir entre plusieurs options pourrait être une manipulation ? C'est une manière de forcer la personne à admettre une possibilité en occultant qu'il y en avait beaucoup d'autres à côté. On gagne un sentiment réel de liberté, impossible donc de penser que l'on est la marionnette docile de la personne en face (oui, d'accord, j'exagère un peu dans la métaphore).

EXEMPLE

Souvenez-vous de mon exemple des vacances avec mon ami. Chaque année, il décide où nous allons et commence à sentir que ça me frustre. Cette année, il me dit : « Tu sais quoi, cette année tu décides. En juillet, on va à la mer ou à la montagne, c'est toi qui vois, je te suivrai. Tu choisis. »
Sympathique dans la démarche, mais le choix entre A ou B ne signifie pas qu'il n'y avait pas de choix C, D, E, etc. En l'occurrence,

j'aurais pu choisir d'aller à la campagne, de visiter une capitale dans le monde, de partir en bateau ou même de rester simplement chez moi. Et au passage, j'aurais peut-être voulu prendre mes vacances en août...

Comme vous le constatez, les techniques se croisent entre les chapitres car les fondements de la manipulation sont la psychologie humaine et la communication.

Bouclier

Le fait d'imposer un choix simple induit une réponse rapide. Mais rien ne vous oblige à accepter une règle du jeu en cours de partie. Identifiez simplement qu'il s'agit d'un choix imposé et demandez du temps pour pouvoir étudier les autres options potentielles : « Merci, je suis très content que tu me proposes ça. Laisse-moi quelques jours pour y réfléchir car je ne crois pas que nos options se limitent à la mer et à la montagne. Je vais me pencher dessus et je te dirai quel lieu et quelle période me feraient plaisir pour les vacances. Et encore une fois, merci de me laisser décider, c'est très gentil. » Vous avez sûrement remarqué que j'ai refermé le piège sur mon ami. Il s'agit ici d'une manipulation bienveillante. Puisque sa démarche était de me laisser le choix, alors je décide de ne pas remettre en cause cette gentille attention. Je lui rappelle et le remercie pour ça. Si son intention n'était pas de me manipuler, alors il n'y a pas de problème à le remercier d'être gentil.

LE CHOIX IMPOSSIBLE

Un autre type de manipulation pour vous faire choisir entre A et B… alors que B est significativement désagréable. Sauf que, vous vous en doutez, B est volontairement dévalorisé par le manipulateur pour que vous ne le choisissiez pas. D'ailleurs, cette méthode est très subtile car elle ressemble comme deux gouttes d'eau à de la logique : le manipulateur présente souvent cela comme une conclusion.

EXEMPLE

« Faisons un récapitulatif. Nous n'avons que trois solutions devant nous. Ou nous refermons ce dossier car votre projet coûte trop cher, ou nous licencions une partie de votre service pour obtenir des fonds, ou nous prenons le risque de faire couler la société en le réalisant. »

Il est certain que vous ne voulez pas licencier vos collègues ! Et moi non plus d'ailleurs, je ne les connais même pas. Et faire couler la société dans laquelle vous travaillez reviendrait à tuer la poule aux œufs d'or, vous n'allez pas mettre en péril votre gagne-pain. Pour autant, devez-vous vraiment abandonner votre idée ?

➡ **Bouclier**

Hormis le fait que ces choix impossibles jouent parfois sur des émotions, comme dans l'exemple avec le licenciement des collègues, le simple fait de présenter des options oblige votre cerveau à les envisager. À la fin de son analyse, il va vers l'option qu'on le force à prendre, oubliant de dézoomer pour voir dans son ensemble une belle tentative de vous imposer un choix. Vous pouvez heureusement vous en sortir facilement : « Je ne crois pas que les options soient si radicales. Nous pourrions d'abord travailler

sur la faisabilité de mon projet, faire une étude de marché et un budget prévisionnel. Je pourrais aussi tout à fait réfléchir au moyen de le financer ou de le rendre moins onéreux. En bref, je serais ravi que l'on étudie toutes les options avant de décider de son sort. »
Si vous aviez voulu mettre un revers pour faire sortir les véritables motivations de la personne en face, vous auriez pu ajouter : « À condition que vous le vouliez vraiment ? » Vous seriez resté dans le camp des gentils.

PARFAITEMENT IMPOSSIBLE

Cette technique de manipulation consiste à refuser une proposition, un choix ou un changement sous prétexte qu'il n'est pas parfait à 100 %. Le manipulateur va mettre en avant une faille, parfois un potentiel problème qui n'est pas sûr d'arriver, pour balayer l'idée sans se mettre vraiment contre elle. Il refuse mais « ça n'est pas de sa faute ».

EXEMPLE

Prenons l'exemple de Sherlock et Watson qui réfléchissent à prendre une nouvelle affaire. Le lieu se trouve très loin et Watson propose de prendre le train. Sherlock rétorque que le train n'est pas sûr, il risque de dérailler ou de se faire attaquer sur la route.

Voici un beau refus qui ne repose que sur l'imperfection naturelle de ce moyen de transport. Il s'agit bien d'une manipulation car la perfection d'un moyen de transport n'existe pas à ce jour. Même le cab de Sherlock n'est pas à l'abri de subir un accident ou une attaque de bandits.

En mettant en avant une imperfection tout en sachant pertinemment qu'il n'y a pas de proposition idéale, le manipulateur cherche à mettre l'attention du manipulé sur un point de détail pour lui faire refuser de lui-même sa proposition initiale.

Bouclier

La meilleure défense se déploie en deux temps. Pour commencer, il faut mettre en avant que toutes les options ont des failles et qu'il s'agit de faire un arbitrage entre les propositions, plutôt que de toutes les refuser. En faisant cette démonstration, qui montre que vous n'êtes pas dupe, vous pouvez ensuite demander à votre manipulateur quelle meilleure proposition il peut proposer. Ainsi, vous oubliez complètement l'idée du refus catégorique de votre demande, vous lui demandez juste s'il a une meilleure solution à proposer (ce à quoi il répondra sûrement « non » car contrairement à vous, il n'y a pas encore réfléchi).
Watson aurait donc pu répondre « Je ne connais aucun moyen de transport exempt de tout risque, Sherlock. Néanmoins, nous devons prendre cette affaire, et si le train ne vous paraît pas la meilleure manière d'y aller, pouvez-vous m'en proposer une autre ? »

ÉLÉMENTAIRE, MON CHER WATSON

Transition parfaite pour vous présenter la technique suivante que j'appelle « élémentaire » tant elle me rappelle l'univers du célèbre détective. (D'ailleurs, pour votre culture amusante, sachez que Sherlock Holmes n'a jamais prononcé « Élémentaire, mon cher Watson » dans aucun des livres de Sir Arthur Conan Doyle. Il disait bien « Élémentaire ! » et appelait son ami « mon cher », mais pas plus. L'expression est née de l'association des deux !)

Cette technique est dépourvue de tout argument. Elle consiste à dire que puisque c'est vrai... alors c'est vrai. Magnifique, n'est-ce pas ? Et pourtant, vous avez sûrement déjà été confronté à cette manipulation qui consiste à valider l'argument avant même de le définir.

EXEMPLE

Reprenons avec Sherlock et Watson. Sherlock décide de remettre en cause l'affaire en elle-même, car s'il n'y a pas d'affaire, alors il n'y a plus de déplacement l'obligeant à partir de Baker Street. Sherlock dit : « On ne peut pas nier que cette affaire n'est pas à la hauteur de notre agence. »

Voici une curieuse manière de donner son avis : « On ne peut pas nier que... » C'est du même acabit qu'un « Tout le monde sait que... », « Il est évident que... », « Inutile de rappeler que... », etc. C'est une manière de couper tout contre-argument en faisant accepter à l'autre une information malgré lui.

Je me souviens d'une conversation il y a sept ans, au téléphone. Une personne avec qui j'avais un litige banal (mais que je voulais régler) m'appelle suite à un mail un peu sec que j'avais envoyé pour mettre en avant le problème que j'avais détecté. Cette personne me dit dans la conversation : « Tu me connais, tout le monde sait que je suis honnête. » Je ne l'avais vu qu'une seule fois dans ma vie et je n'avais fait aucun sondage auprès de « tout le monde » quant à son honnêteté…

Bouclier

Vous avez deux options pour stopper cette manipulation. La première consiste simplement à émettre un doute franc, mais sans agressivité. C'est ce que j'ai fait pour cet appel. J'ai répondu : « On ne peut pas dire que je te connaisse et il est probable que les autres te trouvent honnête, mais dans le cas de notre problème, ça ne me permet pas de te croire. »
La deuxième option consiste à obliger le manipulateur à prouver ce qu'il vient de dire. En clair, vous le forcez à passer de « l'évidence irrationnelle » à « l'argumentation rationnelle ». Dans l'exemple ci-dessus, Watson aurait pu répondre : « Pouvez-vous m'expliquer les critères qui font que cette affaire n'est pas à notre hauteur, quelle est notre hauteur et en quoi cela pourrait nous nuire de prendre cette affaire ? »

LE JOUR OÙ J'AI MANIPULÉ MON COLLÈGUE

Pour les besoins d'une vidéo, en 2019, j'ai installé discrètement une caméra dans mon bureau. Mon idée était de manipuler celui qui est devenu, au fil des années, mon compagnon de l'aventure YouTube : Loïc. Nous allons nous pencher ensemble sur ce souvenir qui est riche en démonstration et en apprentissage. À l'écrit, je pourrais d'ailleurs aller beaucoup plus loin que dans la vidéo d'origine[1] (qui nécessite toujours d'aller à l'essentiel pour une question de rythme).

1. www.youtube.com/watch?v=9lLhcYNr948&t=1s

LE CONTEXTE

J'ai rencontré Loïc au YouTube Space, à Paris. Cet espace créé par YouTube dans les sous-sols de Google venait d'ouvrir et les créateurs pouvaient utiliser les studios à disposition, rencontrer des personnes et bénéficier de diverses formations gratuitement. Pour moi qui venais juste de me lancer dans l'aventure de la création de vidéos, c'était une mine de ressources pour apprendre vite et bien. Lorsque j'ai passé le cap symbolique des 100 000 abonnés à ma chaîne, en septembre 2016, le Space m'a informé que j'avais le droit en « cadeau » à une journée de formation seul, avec un intervenant, sur le sujet de mon choix. Huit heures intensives avec un professionnel pour m'enseigner des choses sur le sujet que je voulais. J'ai conscience de la valeur de ce cadeau, et après mûres réflexions, j'ai demandé que l'on m'apprenne les rudiments du logiciel After Effects ainsi que les bases de la colorimétrie.

C'est ainsi que je me retrouve le jour J enfermé dans une pièce sans fenêtre avec Loïc, intervenant pour le YouTube Space, professionnel diplômé de la vidéo. Nous nous entendons bien et il m'explique qu'il connaît mon travail et me propose que nous puissions travailler ensemble à l'occasion, quand j'aurai besoin. En réalité, ce besoin était immédiat mais je n'avais pas les moyens de m'offrir les services d'un professionnel comme lui.

Nous nous sommes revus plusieurs fois au Space, lors d'événements, ou simplement quand je passais prendre un café (il est toujours stimulant d'aller dans un lieu réel lorsqu'une activité est virtuelle), et à chaque fois, il me renouvelait sa proposition. Un jour, je lui demande combien coûterait un tournage/montage pour une vidéo standard (entendre par là : comme celle que je produisais à l'époque sur la chaîne) et il m'annonce un prix. Son tarif est clairement réduit au regard des compétences dont il dispose, mais il est explosif par rapport à ce que rapporte une vidéo YouTube financièrement. Je sors alors mon téléphone, entre dans le back-office de ma chaîne YouTube, et lui montre combien me rapporte chaque vidéo. Je ne le fais pas pour qu'il baisse son prix mais bien pour qu'il constate que je le respecte et comprends le coût de ses prestations, mais que mon modèle économique n'est pas viable pour travailler ensemble.

Loïc m'explique alors qu'il souhaite avant tout me donner un coup de main et, voyez-vous, ça n'était pas si clair pour moi. Je pars du principe qu'un professionnel doit être rémunéré, donc il ne me serait jamais venu à l'idée qu'il travaille gratuitement pour moi. D'ailleurs, même si sa proposition est adorable, je ne me sens pas de l'accepter. Je lui propose alors quelque chose de sain et simple : faisons-le et partageons à parts proportionnelles les revenus des vidéos que nous faisons ensemble.

C'est ainsi que commence notre aventure. Nos collaborations sont d'abord ponctuelles, puis elles deviennent de plus en plus fréquentes. Loïc arrive avec sa caméra et ses objectifs sur les tournages, je mets à disposition le reste du matériel et j'investis dans un ordinateur pour qu'il puisse faire les montages dans mes locaux. La chaîne se développe, les revenus aussi, et nous changeons de modèle économique en établissant une facture mensuelle fixe que Loïc m'édite contre un volume de vidéos. Je vous raconte tout cela pour que vous compreniez la relation symbiotique qui précède la manipulation que nous allons disséquer. Loïc était important pour moi car il apportait de la qualité sur ma chaîne, j'avais donc besoin de lui, et même si je n'étais pas son seul client, je lui assurais un chiffre d'affaires mensuel, j'étais donc important pour lui. Pour autant, il n'était pas irremplaçable sur ma chaîne, et de la même manière, il n'aurait pas eu de mal à trouver d'autres clients pour me remplacer s'il avait voulu arrêter notre collaboration (les bons monteurs ou cadreurs/monteurs ne manquent jamais de travail). C'est donc sur un équilibre des forces que commence l'action...

LE PIÈGE

Un jour, j'ai demandé à Loïc si je pouvais, dans un futur éventuel, poser une caméra cachée et filmer une de nos conversations où je tenterais de le manipuler, dans le but d'en faire une vidéo. L'idée l'amuse et il me donne son accord de principe. De toute manière, c'est lui qui montera la vidéo et qui décidera si elle sort ou non. Quelques semaines plus tard, ce jour arrive ! Je pose une caméra sur les étagères de la bibliothèque, une Legria à grand angle qui ne nécessite pas que je vérifie le cadre. Aucune bizarrerie pour Loïc car je pose souvent une caméra là pour enregistrer une vidéo ou faire un live sur Internet. Je m'assieds à côté de lui, nous ne sommes que tous les deux et j'attaque le sujet.

Depuis plus d'un mois, Loïc me dit qu'il faudrait que nous achetions une caméra. La raison est simple, la caméra qu'il possède lui co-appartient avec Denis, un ami à lui, professionnel également. Ils mutualisent leurs achats et se répartissent l'utilisation en fonction des contrats qu'ils ont. Comme nous tournons de plus en plus souvent ensemble, il y a plusieurs fois où nous sommes bloqués car Denis a de son côté des prestations et doit avoir la jouissance de la caméra dont il est copropriétaire.

Loïc me propose donc que j'achète ma propre caméra pour être sûrs de ne plus être bloqués. J'ai déjà de mon côté deux caméras mais elles n'ont clairement pas les caractéristiques qui font la qualité des vidéos que nous produisons grâce à Loïc. C'est sur ce terrain que je vais attaquer. Loïc est persuadé que je dois acheter une nouvelle caméra et mon but est de le faire douter de la légitimité de sa demande, pour continuer d'utiliser la sienne sans en acheter une...

Avant que vous ne commenciez à me détester, je me dois de vous préciser que cette vidéo était sponsorisée par une marque (entendez par là qu'en échange de la publicité que je faisais pour leur produit dans cette vidéo, ma société touchait une somme d'argent). J'avais prévu qu'à la fin de la vidéo, j'explique à Loïc ce qui venait de se passer pour lui annoncer qu'avec cet argent, il pourrait acheter la caméra qu'il voudrait. Les intentions étaient bonnes et l'interêt de l'expérience également puisqu'elle nous donnait un cas d'école à étudier.

Tout d'abord, les conditions. Être deux était un point essentiel : il ne fallait pas que sa peur de paraître faible dans une négociation vis-à-vis d'autres personnes lui fasse gagner en confiance en lui. Ensuite, je suis venu m'asseoir à côté de lui, souriant, pour établir une relation de proximité. Quelqu'un qui veut attaquer ne se met pas à découvert : c'est le message que je lui envoie.

Je commence par lui expliquer que, concernant la caméra, je me sens injustement manipulé sur le fait qu'on me demande de l'acheter... Un comble pour celui qui justement entame une grossière manipulation ! Loïc est étonné et me demande de développer. Je lui explique qu'il y a une logique. Quand je l'ai rencontré, je l'ai engagé en tant que prestataire (tout autant qu'il m'a accepté en tant que client), il m'a fait une proposition de facture mensuelle incluant donc un nombre de vidéos, la prestation de tournage et la prestation de montage. Depuis le premier jour, il vient avec sa caméra et ses objectifs, j'ai donc compris que c'était inclus dans la prestation. Le fait qu'il me demande aujourd'hui d'investir dans une caméra pour libérer celle-ci plus souvent était injuste. Qu'il retirait un élément de sa prestation au bénéfice de son ami avec qui il avait un deal mais que ce n'était pas de mon fait. Un peu comme s'il retirait sa prestation de montage par exemple. En gros, j'avais signé pour une prestation complète et il retirait le matériel qu'il amenait en me demandant de compenser ça de mon côté.

Avouez que cette manipulation des données a du panache, même moi en me relisant, j'ai envie de me croire ! Mais je manipule clairement les données de départ. Au final, le fait que Loïc vienne avec sa caméra est un bonus ! Ma société produit des vidéos et je l'engage pour une compétence (cadreur/monteur), il n'a jamais été verbalisé que son matériel fasse partie de la prestation (preuve en est que j'ai investi dans un ordinateur pour lui afin qu'il puisse faire ses montages), j'ai tout ce qu'il faut pour tourner et le fait qu'il ramène sa caméra quand elle est disponible est un bonus pour moi car elle est plus performante et qualitative que les miennes. Dans le temps, cette caméra est devenue la norme pour tourner mes vidéos (dont le volume a en plus augmenté), il est donc logique que si je veux en jouir aux jours et aux heures que je souhaite, j'achète avec ma société la même caméra qui resterait au bureau tout le temps.

Mais le vers est dans la pomme. Largement perturbée, la logique de Loïc essaie de contre-argumenter sans grande conviction, m'ouvrant ainsi la porte à une nouvelle attaque. Je reste très amical et utilise clairement notre amitié sous-jacente pour monter en pression dans les paliers avec l'assurance que ça ne parte pas en embrouille. Je lui explique que je ne suis pas contre investir dans une caméra – ce qui génère une réaction positive de sa part – mais que, comme nous sommes d'accord sur le fait que cela diminue sa prestation, alors il faut qu'il me baisse la facture qu'il me fait chaque mois.

Voyez comment j'ai fait semblant qu'il ait accepté mon argument en disant « puisque nous sommes d'accord que... » alors qu'il ne l'avait jamais clairement admis. Cette phase avait pour seul but de lui faire peur et de créer un problème. Ce problème devait devenir sa priorité, son problème principal. Le problème n'était plus que je doive acheter une caméra pour libérer celle qu'il me prêtait, mais comment faire pour ne pas perdre d'argent sur sa prestation.

S'ensuit une discussion plus ou moins longue où nous tournons autour du pot. Loïc n'a pas envie d'être moins rémunéré et je le comprends. Mais je prends mon temps car je veux que cette hypothèse prenne beaucoup de place dans son esprit. Cette possibilité fait partie de ses peurs et plus il aura peur, plus il doutera de sa confiance, et plus j'aurai accès à sa vulnérabilité pour la dernière étape de cette manipulation.

Ça tombe bien, nous y arrivons. Je me fais compatissant au sujet de son problème en lui expliquant que je comprends (belle hypocrisie au passage puisque j'ai créé ce faux problème). Je lui dis alors que je vois quand même une alternative : il faut que LUI achète une nouvelle caméra. Je le vois tiquer et j'emploie la technique de l'ennemi commun que nous reverrons plus loin dans ce livre (page 205). Je lui explique que c'est évident, que ça n'aurait pas de sens qu'il possède deux caméras (celle qu'il aurait achetée à 100 % et celle qu'il partage avec son ami Denis). Logiquement, il devrait demander à Denis de lui racheter la moitié de sa caméra pour que lui s'achète la sienne. Ainsi, chacun aurait sa caméra et ça serait mieux pour lui. Et la solution est plus juste car Denis comme lui ne paient qu'une moitié de caméra (au final) pour être enfin propriétaires chacun de leur propre matériel. Je rajoute une couche de vernis en disant que c'est normal pour deux professionnels comme eux d'avoir chacun son matériel, et qu'en plus, il s'en sort bien car c'est lui qui aura la caméra neuve.

J'insiste enfin sur le fait qu'il va devoir expliquer à Denis qui devra comprendre... Résumons : j'ai créé un problème, puis j'ai créé la solution, et enfin j'ai fini par créer un obstacle potentiel à cette solution qui n'était pas moi. Je me suis complètement sorti de l'équation de cette histoire de caméra et je devenais juste celui qui amène des arguments logiques pour les aider à résoudre leur problème. Sympa que je suis !

Voyez la perversité d'une manipulation qui s'appuie sur des mensonges, des prémices manipulées. Il suffit ensuite de construire une logique implacable derrière pour que l'ensemble ait l'air solide. L'équation est juste mais les données de départ ne sont pas les bonnes.

Loïc, coriace quand même, n'est pas convaincu entièrement. Je le sens. Je sens aussi qu'utiliser une technique supplémentaire pourrait l'amener à me démasquer et je connais son tempérament : je vais tout perdre d'un coup. Alors, au lieu de risquer que le château de cartes ne s'effondre, je vais le consolider. Comme précédemment, nous tournons autour du pot en répétant les mêmes phrases. Je consolide et cherche à l'épuiser mentalement. Je sais que son capital de confiance et d'amitié envers moi fait qu'il reste à mon écoute. Une fois que je le vois fatigué de discuter de cela, que je sens qu'il a envie que ça s'arrête, j'offre la solution ultime en disant : « Moi, je dis, ça m'est égal, à la base j'ai rien demandé. Ça me va très bien que l'on continue comme avant. » C'est vraiment honteux mais n'oubliez pas que les manipulateurs n'ont pas de problème avec les remords. Je lui montre une échappatoire (« revenir comme avant ») à cette conversation anxiogène, où il n'arrive plus à raisonner alors qu'il pressent qu'il y a des choses bizarres.

Même cette formulation est manipulatrice car en utilisant les mots « revenir comme avant », je veux dire en fait : « Je veux que vous annuliez votre demande et que tout reste en l'état car ça m'arrange. » Content de pouvoir arrêter cette joute d'arguments, Loïc valide ça. D'un côté, pour se soulager, et de l'autre, parce que ça lui semble somme toute raisonnable.

Pour les plus curieux, vous pouvez voir une vidéo reprenant une partie de toute cette manipulation sur ma chaîne YouTube[1].

Il est logique que Loïc lâche à un moment donné. La profusion de manipulations au sein de notre conversation entraîne une confusion mentale, et en lui montrant une porte de sortie facile et accessible, il s'en saisit pour échapper à la pression. Cette porte de sortie n'engendre aucune chose négative pour lui contrairement aux autres « solutions » que je lui proposais précédemment. Il m'a fallu lui faire croire que j'avais d'autres objectifs pour que mon objectif réel lui semble acceptable.

Certains peuvent penser que, travaillant pour moi, mon statut me conférait une autorité qui faisait qu'il se sentait

1. youtu.be/9ILhcYNr948

impuissant pour riposter. En réalité, nous avions une relation équilibrée car je n'étais qu'un client pour lui, il aurait pu arrêter du jour en lendemain (sans difficulté pour sa société) et ma chaîne aurait vécu un choc suite à son départ. C'était donc bien une symbiose et sa politesse initiale ne tenait qu'à l'amitié et au respect mutuel qui nous lient.

Mais si j'avais été son employeur… et que j'avais été un manipulateur… il est probable que j'aurais utilisé les mêmes armes malsaines pour aboutir à mes fins. C'est injuste ? Absolument ! C'est le propre des manipulateurs dangereux.

Grâce à cette anecdote, nous avons pu détailler un exemple concret de manipulation entre deux personnes. Je tiens à souligner que si tout cela avait été réel, alors il est certain que j'aurais abîmé quelque chose dans ma relation avec Loïc. Le capital confiance qu'il avait envers moi se serait réduit. Mais ça n'est pas quelque chose qui va traverser l'esprit d'un mauvais manipulateur qui voit l'autre personne comme un moyen, ou un obstacle. Pour lui, seul l'objectif final compte.

LA BONNE DÉFENSE

Qu'aurait pu faire Loïc contre moi ? Stopper la discussion en me disant qu'il fallait qu'il réfléchisse. Revenir au fondement, aux causes, qui ont créé sa demande initiale. Mais il existe une bonne défense qui est comme un sol glissant pour le manipulateur. Elle ne vous implique pas, ne vous fait prendre aucune décision et a même tendance à désamorcer une situation. Je l'appelle le « perroquet qui demande ». Elle vous fait gagner du temps pour analyser, ou simplement, elle laisse la conversation à charge du manipulateur, sans le faire avancer.

Dans un premier temps, il s'agit de répéter ce que dit l'autre mais sous forme de question. Comme si vous demandiez une précision ou que l'on confirme le propos. Vous pouvez même légèrement reformuler tout en prenant soin de n'ajouter aucun élément nouveau.

Après ma première manipulation, il aurait pu dire : « Tu veux dire que tu as l'impression que ma prestation n'est plus la même parce que tu dois t'équiper de ta propre caméra ? » Voyez comme cette question me met dans l'embarras. Et répétant ce que j'ai dit sous forme de question, on voit l'incohérence de mon propos comme le nez au milieu de la figure. Ce revers m'aurait obligé à reformuler, à répéter ce que j'avais dit (avec peut-être moins d'assurance) et j'aurais fait du sur-place dans ma stratégie. À la fin, il aurait pu dire : « Ma prestation est donc différente si je ne filme pas tes vidéos avec ma propre caméra ? » Il y a de fortes chances que j'aurais abandonné à cet endroit.

Dans un deuxième temps, si tant est qu'on y arrive, il s'agit de demander comment faire. Ouvertement. D'amener l'autre à trouver une solution à sa place. Souvenez-vous de la force des questions ouvertes où l'on implique l'autre. Le fait de demander une solution claire rapidement oblige le manipulateur à dévoiler son objectif final très vite... trop vite... car il n'a pas le temps de mettre toute sa stratégie en œuvre et on ne peut pas construire un château de cartes en commençant par le haut. Les bases vont manquer, c'est le but.

Dans l'exemple avec Loïc, si sa troisième phrase avait été : « Mais comment faire pour que tu n'aies pas l'impression que la prestation ait changé ? » Mon but étant de continuer comme avant, j'aurais été obligé de le dire maintenant, coupant court à tout ce que vous avez lu précédemment. Quand bien même, j'aurais avancé un pion en direction des solutions inacceptables, il aurait juste eu à continuer à faire le perroquet : « Tu veux dire que ça serait à Denis et à moi de réinvestir de l'argent pour que tes vidéos soient tournées ? »

La magie de la technique du perroquet est qu'il n'y a pas à comprendre pourquoi les arguments sont mauvais et quels sont les contre-arguments. Le problème et la solution s'affichent d'eux-mêmes grâce à la construction interrogative. Magique.

SE TRANSFORMER EN PERROQUET

Pour terminer cette étude de cas, voyons un dernier exemple rapide. Au sein de votre société, votre collègue vous dit : « Ce soir, tu termineras les dossiers de Sylvain, il est malade et il me les faut pour demain matin. »

D'abord, vous répondez : « Pardon, tu veux dire que ce soir, je devrais rester autant de temps que nécessaire pour faire le travail de Sylvain ? »

Votre collègue va reformuler, et peut-être préciser et vous répondrez ensuite : « Donc je devrais finir le travail d'une personne absente parce que toi, tu en as besoin rapidement ? »
Il va lâcher prise… Car même si vous ne l'avez pas encore formulé, lui va entendre les contre-arguments que vous pourriez lui asséner, les talons d'Achille de sa manipulation. Il entendra ce qui le dérange le plus sans que vous ayez à trouver ce que c'est ! Peut-être croira-t-il que vous sous-entendez que ça n'est pas de votre faute, ou pourquoi ce n'est pas lui qui reste alors que c'est lui qui en a besoin ? Que cette urgence n'est pas réellement indispensable en vérité, etc.

LES POINTS À RETENIR

En résumé, une défense imparable quand vous avez un doute sur une manipulation en cours ou une tentative de confusion :

- répéter comme un perroquet ;
- demander comment faire.

Notez bien ces deux étapes et éprouvez-les, je suis malheureusement certain que vous pourrez les placer aujourd'hui ou demain dans votre vie professionnelle ou personnelle. N'ayez pas peur de le faire car même si vous paraissez étrange (surtout les premières fois où vous le ferez, ensuite vous gagnerez en aisance), on ne pourra jamais vous reprocher d'avoir posé une question pour être certain de bien comprendre...

LA MANIPULATION COLLECTIVE

La manipulation collective est plus difficile à percevoir que la manipulation individuelle. Tout d'abord parce que l'on ne s'adresse pas à vous directement. Deuxièmement parce que cette forme de manipulation prend en compte un élément peu fréquent dans la manipulation : le temps…

La manipulation individuelle est toujours à court terme, souvent instantanée. Le besoin d'un résultat immédiat (qu'il s'agisse d'une négociation, d'une vente, d'une décision à prendre) oblige le manipulateur à adopter une stratégie plus ou moins agressive pour obtenir un résultat à court ou à moyen terme.

Si un individu ou un groupe veut manipuler un autre groupe, il devra nécessairement faire preuve de patience, attendre que petit à petit, la manipulation fonctionne sur tout le monde. D'ailleurs, il s'agit le plus souvent de faire basculer une large majorité plutôt qu'un ensemble, puisqu'à terme, le biais de conformité prendra le relais pour convaincre les autres ou au moins leur faire adopter le comportement majoritaire, de peur d'être perçu comme atypique dans la tribu.

Lorsque je parle de collectif, je parle des employés d'une PME de dix personnes jusqu'à un état entier. Les stratégies sont identiques, elles se reproduisent depuis des siècles et fonctionnent comme toujours sur la psychologie de l'être humain. Comme la psychologie est transversale à la manipulation, ce que vous lirez ici s'applique aussi aux manipulations individuelles.

Nous allons voir ensemble les six techniques principales afin que vous puissiez les appréhender, les reconnaître et vous en protéger intellectuellement. Un avertissement cependant : l'esprit critique ne doit pas non plus vous faire basculer dans une forme de paranoïa, celle où vous avez l'impression que tout le monde essaie de vous manipuler. Il faut faire preuve de logique, de précision et d'exigence pour vérifier si les propos sont justifiés. Car une manipulation ressemble toujours à ce que devrait être une argumentation sincère, la manipulation collective emprunte donc les mêmes formes que la sincérité, mais les données de départ ou les objectifs finaux sont manipulés.

LA PROMESSE D'UN FUTUR MEILLEUR

C'est une manipulation par la carotte : la promesse d'un futur « mieux ». Ce qu'il y a de bien avec le futur... c'est qu'il n'est pas maintenant ! Décidément, ce livre regorge d'informations... Plus sérieusement, cela veut dire que vous trouverez normal de ne pas avoir de résultats immédiats et le jour où vous demanderez des comptes, on pourra vous rétorquer au mieux qu'il faut encore être patient... ou au pire se dédouaner en disant que les données ont changé entre-temps, que ça n'était pas « eux » qui vous avaient fait cette promesse, que les circonstances extérieures imprévisibles sont entrées en jeu. Oui... Le futur permet donc de renier le passé, de dire que ce n'est pas encore « maintenant » ou de mettre en avant des événements survenus entre le passé et le futur annoncé. C'est très malin.

Cerise sur le gâteau, la promesse d'un futur meilleur est toujours, dans le cadre d'une manipulation, le moyen de faire admettre au groupe qu'il faut donc souffrir maintenant. Souffrir étant ici un mot générique pour dire qu'a minima, la situation va être dure en attendant ce futur promis. Et si vous y réfléchissez, c'est d'une logique mathématique quand on regarde cette phrase à l'envers. Si je vous promets que plus tard il fera beau, c'est bien qu'en attendant le temps est mauvais. On ne peut aller vers le mieux qu'en étant dans le moins bien en attendant... Mais heureusement, après, ça sera « meilleur ».

Il convient donc d'identifier les promesses sans fondement, faites pour calmer le groupe et l'amener à accepter une situation, actuelle ou à venir. Pour cela, votre esprit critique doit se concentrer sur les données, sur les autres options et sur la légitimité des choses. Comme toujours, vous trouverez vos réponses dans les données fiables et sûres que vous recherchez.

LE DÉTOURNEMENT D'ATTENTION

C'est une technique que les magiciens et les mentalistes connaissent bien. D'ailleurs, dans les tests au début du livre, j'ai utilisé une sorte de détournement d'attention dans le test avec les arrêts de bus. Votre esprit s'était concentré sur la mauvaise chose à suivre.

Si on doit détourner l'attention d'un groupe, cela veut dire qu'il faut l'amener à se concentrer sur autre chose. La concentration est un focus des sens de l'esprit, une sorte d'œillère qui réduit le champ de vision ou le champ de perception en général. Bien que cela soit caricatural, il est vrai que les illusionnistes arrivaient autrefois sur scène avec de somptueuses jeunes femmes pour que le public se concentre sur elles plus que sur les discrètes manipulations de l'artiste.

Maintenant, penchons-nous sur pourquoi ce truc de magicien fonctionnait (et fonctionne encore d'ailleurs). Parce que le meilleur moyen de détourner l'attention d'un groupe est de susciter une réaction émotionnelle collective. Les réactions devront donc être choisies parmi les expressions majeures universelles (et atemporelles) : la joie, la colère, le dégoût, la peur, la tristesse, la surprise, le mépris.

Ainsi, il n'est pas rare de voir une manipulation collective emmener le groupe à être choqué pour un fait, voire à s'en offusquer au point d'y dépenser de l'énergie contre, pendant que le manipulateur ou le groupe manipulateur continue quelque chose que le groupe n'aurait pas validé en temps normal. L'émotion pour guider le groupe dans le but de détourner son attention est une manipulation puissante, puisque c'est le groupe lui-même qui entraînera les autres à adopter la même émotion.

Un premier exemple : lorsque l'équipe de France de football a gagné la Coupe du monde en 1998, il était considéré comme « anormal » de ne pas être derrière l'équipe ou de ne pas faire la fête pour célébrer la victoire. D'ailleurs, des personnes qui n'avaient aucun intérêt particulier pour le football devenaient des supporters sincères portant les couleurs du maillot. En l'occurrence, il ne s'agissait pas d'une manipulation pour nous faire regarder ailleurs, mais vous souvenez-vous ne serait-ce que d'un seul autre souvenir de l'époque ? Des actualités ? Des lois passées ? Toute notre attention était portée sur cette joie collective.

Moins amusant, nous pouvons aborder le sujet du burkini qui a été l'objet de tous les débats il y a une dizaine d'années. Impossible de savoir s'il s'agit d'une manipulation de détournement d'attention, et ça n'est pas le propos, ce qui est passionnant est de voir le résultat. Le port autorisé ou non du burkini a été au cœur de tous les médias. Des débats ont été organisés. On aurait dit une affaire du premier ordre. En France, une majorité de citoyens était contre (émotions ciblées : la colère, le mépris), ce qui a enclenché une première étape dans le détournement d'attention. La deuxième étape, c'est le camp adverse qui va spontanément se créer ! Car lorsqu'un sujet devient un « sujet de société », nous sommes presque obligés d'avoir un avis, et si on n'est pas contre alors on doit être pour. Il devient compliqué d'être neutre et en dehors de la polémique. Le détournement est donc complet car les deux camps s'affrontent et ne regardent plus ce qui peut se passer à côté.

Le détournement d'attention collectif fonctionne d'autant mieux si on oriente le groupe vers quelque chose de futile qui ne demande pas d'effort. C'est vrai qu'il ne faut pas déployer de grands efforts pour regarder l'assistante du magicien, tout comme il n'est pas très engageant d'être pour ou contre le port du burkini puisqu'au final, on ne peut rien faire d'autre qu'avoir un avis sur la question. Quand le sujet demande au groupe d'investir du temps et de l'énergie, alors il est moins manipulable.

Un second exemple : imaginez maintenant que la société dans laquelle vous travaillez souhaite vous faire augmenter la cadence de travail sans modifier vos conditions ou votre salaire, sans même vous informer de cela. Dans le même temps, la société annonce que, pour satisfaire tout le monde et ne pas pénaliser des convictions, le menu du réfectoire sera dorénavant entièrement végétarien... Sur le papier, rien de « grave » ou « d'important », néanmoins le groupe va se mobiliser, tous les employés ne parleront que de ça pendant des jours. Certains seront farouchement opposés, parleront de leur liberté, d'autres seront pour, expliquant pourquoi. Des tensions seront palpables. Au final, tout le monde sera concentré sur ce point sans faire attention aux dégradations de leurs conditions de travail. Et la société pourra même devenir arbitre conciliant en tranchant un jour par la décision de faire deux menus distincts au choix.

Il faut donc garder l'esprit ouvert, ne pas se laisser emporter par ses émotions sur des sujets *a priori* futiles. Si vous voyez le groupe se focaliser sur un seul sujet, essayez de voir ce qui pourrait se passer en dehors de leur champ de vision.

RAMENER À L'ENFANCE

Subtile, protectrice, pavée de bonnes intentions, cette manipulation collective est l'occasion de renforcer un statut de dominant tout en obtenant des résultats. Car rien qu'en lisant le nom de la méthode, votre cerveau vous renvoie l'image d'un enfant... donc de parents. Justement, nous avons été habitués depuis notre plus tendre enfance à avoir une confiance aveugle en nos parents : ces personnes qui savent mieux que nous et qui imposent des règles pour notre bien. Nous savons donc que nous devons les écouter.

La manipulation par l'infantilisation consiste à manipuler le groupe en lui rappelant qu'il n'est pas autonome... Comme toujours, je ne dis pas que c'est toujours fait sciemment mais c'est le résultat naturel. Imaginez que je décide de vous rappeler en permanence de boire deux litres d'eau par jour, dans toutes les publicités où les boissons ne sont pas exemptes de tout reproche nutritif... Est-ce que je vais vous influencer positivement à boire plus sainement ? C'est possible (et je pense sincèrement que ça serait le but initial). Mais paradoxalement, je rappellerais au groupe qu'il n'est pas autonome, que je sais mieux que lui et que je suis obligé de lui rappeler ce qu'il faut faire. Pire ! J'enverrais le message indirect que le groupe ne doit pas trop se poser de questions car je lui amènerais toujours les réponses et les directions à suivre...

Les publicitaires utilisent beaucoup cette manipulation collective. Les scénarios, la manière de parler, le positionnement, les gestes, les intonations, tout est fait pour éviter que votre esprit critique ne soit trop actif. Si la publicité place le groupe dans le rôle de l'enfant, alors le groupe considérera le produit comme un parent en qui avoir confiance. CQFD.

Pourquoi, des années après, nous nous rappelons les slogans et les musiques de certaines publicités ? Parce qu'elles sont souvent construites comme les comptines de notre enfance avec une recette simple : agréables à prononcer, peu de notes différentes, une ritournelle qui peut reprendre en boucle sans lasser, deux phrases qui riment.

LES RITOURNELLES ENTÊTANTES

Procédons à un test simple où je vais essayer de sélectionner différentes périodes pour que tout le monde puisse avoir un résultat. Complétez ces slogans :

- Va donc, va donc chez ... .
- Décathlon, à ... .
- Carglass ..., Carglass ... .

Vous avez sûrement entendu les mélodies dans votre tête ! Comme pour une comptine, c'est à force de répétition que ces slogans sont entrés dans votre esprit. Le plus incroyable, c'est que le jingle de Speedy, qui ne devait servir aux spots que durant trois ans, était tellement ancré dans l'inconscient du public (un sondage début 2010 a démontré que 97 % des personnes identifiaient la marque en écoutant simplement la mélodie) qu'ils ont dû renoncer au début des années 2000 à changer leur musique. Ils voulaient justement monter la marque vers une gamme plus classe et le public, comme un enfant, était mécontent qu'on lui change sa chanson.

Pour terminer sur une note amusante, si je puis dire, l'ancien chanteur de Pink Floyd (David Gilmour) était tombé amoureux du si reconnaissable « ta da ta da » avant chaque annonce de la SNCF. Suite à une tournée dans le sud de la France, il a contacté directement la SCNF pour obtenir l'autorisation d'utiliser le morceau (car même un jingle est soumis aux droits d'auteur) et ainsi est né la chanson de 2015 « Rattle that lock ».

Gardez l'œil ouvert pour rester autonome, voyez lorsque l'on veut infantiliser le groupe car au final, même avec des intentions louables, il n'est jamais bon d'endormir l'esprit critique d'un groupe.

LE PROBLÈME AVANT TOUT

Ici, pas de doute : lorsque cette technique est utilisée, il y a une volonté de manipuler le groupe ! L'idée tient en une ligne : pour atteindre mon but, je vais créer un problème dont la seule solution est... justement ce que je veux au départ.

Il faut comprendre que la psychologie d'un groupe ressemble beaucoup à la psychologie individuelle. Comme je vous l'écrivais au début de ce chapitre, la seule composante qui change réellement est la durée du processus. Cette manipulation collective joue sur le fait qu'une idée qui émane spontanément d'une personne sera liée par l'affect à cette personne. Elle va donc la défendre, la porter et argumenter en sa faveur. C'est pourquoi cette manipulation fonctionne en deux temps.

Dans un premier temps, il s'agit de créer un problème opposé à ce que l'on souhaite. Si, par exemple, je souhaite faire des économies dans mon entreprise en supprimant des avantages en nature comme les aliments à disposition dans la salle de repos, les cadeaux aux anniversaires des salariés, etc. Je vais plutôt me concentrer sur le fait que j'envisage des licenciements économiques pour sauver la société qui est fragilisée en ce moment… même si c'est faux ! Car comme je ne fais que courir le bruit de cette information, je n'ai pas encore à produire de preuves légales qui justifient ce type de licenciement encadré par la loi. Le problème est créé, je peux même me payer le luxe de m'afficher dans le bon camp en critiquant cette finalité, en exprimant mon désaccord sur cette décision que moi-même je juge injuste et extrême. J'aurai fait naître le problème, et la colère ou la peur vis-à-vis de ce problème.

Tout est à point pour entrer dans la deuxième phase : la solution proposée par le groupe. Le groupe étant fatalement contre le problème, il va vouloir le résoudre, trouver une alternative, voire vouloir démontrer qu'il y a d'autres solutions ! Si nous continuons le précédent exemple, on peut facilement imaginer que des membres du groupe vont chercher à sauver les emplois. Et au cours de certaines discussions, je pourrais laisser entendre que les frais généraux sont trop imposants, qu'il faudrait peut-être essayer de réduire des dépenses pour essayer de maintenir les salaires… jusqu'à ce que le groupe lui-même fasse des propositions en ce sens. Une fois les propositions adoptées, mon but initial sera atteint et le groupe aura un sentiment de victoire… en venant de perdre une partie de leurs avantages en nature.

Car c'est le paradoxe de cette manipulation lorsqu'elle est savamment orchestrée. Le groupe perd (sans le savoir) et célèbre sa victoire (simulée), ce qui renforce les liens, la confiance et l'impression d'avoir œuvré pour la bonne cause.

Comme pour tout, il n'y a pas de règles : parfois celui qui présente le problème présente également la solution. Il prend alors la position de sauveur soit par stratégie, soit par manque de temps, soit parce qu'il sait que le groupe n'a pas la connaissance pour aboutir à la conclusion qu'il souhaite. C'est de cette manière, par exemple, que l'État français a privatisé ses autoroutes en 2005 parce qu'elles coûtaient trop cher à entretenir. Notons que ces mêmes autoroutes ont depuis rapporté presque 30 milliards de dividendes à leurs actionnaires privés...

Vérifiez toujours la légitimité d'un problème lorsqu'il vous est présenté, demandez des preuves solides confirmant le problème. Il faut ensuite évaluer la qualité de la solution proposée et ne pas s'arrêter de réfléchir trop tôt afin d'envisager toutes les options.

LA CHARGE ÉVOLUTIVE

Si je vous demandais de marcher quatre kilomètres pour aller boire un café, vous me diriez sûrement non... Mais si je vous proposais de vous inviter au resto ? Vous diriez sûrement oui. Et si je vous proposais d'y aller à pied ? Vous diriez sûrement oui également. À partir de ce moment-là, chaque pas que vous faites me ramène vers mon objectif. Plus vous avancerez et plus vous serez enclin à accepter d'aller jusqu'au bout où, au final, mon invitation s'avère un simple café. Vous serez peut-être en colère contre moi mais j'aurai obtenu ce que je voulais : quelqu'un qui m'accompagne pendant quatre kilomètres car je n'aime pas marcher tout seul. Vous reconnaissez peut-être le cas quotidien de Jérôme qui déménage Pierre dans la première partie de ce livre.

Cette manipulation collective s'inspire en grande partie du précédent exemple, mais sous la forme de charge. Il est plus facile d'opérer peu à peu des changements, avec beaucoup de parcimonie, pour modeler petit à petit une nouvelle normalité. En général, ces changements se font de manière imperceptible et le seul moyen de les constater est de faire une analyse du type « avant/après » sur une plus longue période.

Retournons dans mon entreprise fictive où je veux réduire les droits de mes salariés (j'ose vous rappeler que tout ça est à titre d'exemple seulement ! Dans ma société, j'ai mis le pouvoir à l'horizontal afin que les dérives soient presque impossibles). Si je voulais enlever les privilèges de pauses de mes salariés, augmenter le temps de travail et la productivité, j'irais à la rébellion en présentant cet objectif en frontal. Imaginons maintenant que j'annonce à tout le monde que je vais installer un système de pointage le matin et le soir. Des dents vont grincer mais quelques semaines ou mois plus tard, tout le monde l'aura intégré à son quotidien, ça sera la nouvelle normalité. C'est là que je pourrais annoncer que nous arrêtons de prendre les pauses quand bon nous semble, qu'elles seront maintenant fixes et à la durée légale, pour tous. Les dents grinceront encore mais au bout de quelques semaines ou mois, ça sera de nouveau devenu la normalité. Et je pourrai continuer ainsi de suite jusqu'à mettre en place tout ce que je voulais depuis le départ.

C'est le gouffre qui sépare une normalité d'un changement qui peut créer des refus de la part du groupe. C'est pour cela que les manipulateurs vont diviser le changement en de minuscules étapes qu'ils vont mettre en place dans le temps. Ainsi, chaque changement, comparé à la normalité précédente, est acceptable.

Lorsque vous voulez comparer un changement à une situation, essayez de remonter le temps, de plusieurs mois ou années, pour comparer une normalité plus ancienne à la situation assortie du changement demandé.

TOUS COUPABLES

Sans en avoir l'air, cette manipulation collective touche également au domaine de l'enfance. Que faisiez-vous lorsque vous vous sentiez coupable étant enfant ? Lorsque vous vous en vouliez ? Vous acceptiez la punition peut-être (si tant est qu'il y avait une punition), mais surtout, vous étiez beaucoup plus « sage » ensuite, acceptant de faire et dire ce que voulaient vos parents afin de vous rattraper à leurs yeux. Vous cherchiez à marquer des points d'estime dans le regard de celles ou ceux qui vous élevaient.

Le groupe fonctionne de manière similaire mais pour un résultat différent. Si un manipulateur veut opérer un changement impopulaire ou prendre une décision qui pourrait mettre le feu aux poudres, alors il peut positionner ce changement ou cette décision comme étant une conséquence directe d'une « erreur » du groupe. Le groupe sera plus apte à courber l'échine puisqu'il se sentira responsable de la situation.

Pour un petit groupe comme pour un état, l'idée est de donner le sentiment au groupe que le milieu, le système ou l'entreprise est parfait en tout point. Et que, si quelque chose n'est pas parfait, c'est la responsabilité du groupe. Cette méthode dangereuse va encore plus loin car elle arrive à toucher l'individu. En effet, si l'environnement est parfait et merveilleux, mais qu'au fond vous ne vous y sentez pas bien, allez-vous blâmer l'environnement ou vous ? C'est une forme de manipulation très puissante que l'auto-culpabilité. Vous devenez alors le seul responsable de tout ce qui ne va pas pour vous.

La culpabilité collective se travaille sur le long terme car elle est transversale à tous les domaines. Elle n'a pas besoin d'avoir de but immédiat et représente au contraire un terreau permanent qui servira le manipulateur à faire passer ses changements ou ses décisions le moment venu.

Soyez vigilants à reconnaître votre responsabilité quand c'est la vôtre, mais à reconnaître également quand il est injuste de vous imputer une faute. N'oubliez pas que nous sommes les juges les plus sévères quand nous nous jugeons nous-mêmes. Soyez tolérants et lucides dans vos introspections.

L'ENNEMI COMMUN

Cette dernière manipulation collective ressemble un peu à la deuxième, car dans le fond, il s'agit d'une sorte de détournement d'attention. Le groupe gagne en cohésion lorsqu'il a un ennemi commun comme lorsqu'il a une victoire commune. Dans mon exemple précédent de la Coupe du monde gagnée par la France, je vous ai dit que nous étions tous « pour la France », mais j'aurais pu préciser que nous étions tous « contre le Brésil »... alors que nous ne connaissions rien de ce pays pour la plupart d'entre nous.

Un ennemi commun permet d'emmener un groupe aveuglément dans une direction. L'esprit de tribu et l'esprit de compétition l'emportent complètement sur la raison, et permettent une tolérance plus forte du groupe aux inconvénients.

Les exemples politiques ne manquent pas ; malheureusement, ils sont souvent restés au stade d'hypothèses. Les extrêmes pointent des ennemis comme arguments principaux et à la source de tous les problèmes, les gouvernements pointent à tour de rôle l'insécurité, la crise, le chômage, comme des entités à part entière contre lesquelles le groupe doit lutter en prenant les bonnes décisions. Les exemples marketing sont tout aussi fréquents aux États-Unis, où les lois en termes de publicités sont différentes des nôtres. Il n'est pas rare de voir Pepsi tacler ouvertement Coca-Cola placé comme étant l'ennemi. Dans une société, on peut aussi pointer une partie du groupe comme étant l'ennemi, ou un client, ou les taxes, etc.

À partir du moment où toutes les raisons des problèmes sont attribuées au même endroit, il y a de fortes chances qu'un ennemi commun ait été fabriqué de toutes pièces par un manipulateur ou… par le groupe lui-même ! Pourquoi le groupe peut être amené à créer seul un ennemi commun ? Pour mieux supporter sa condition et ce qui le dérange. Soyez donc vigilant pour attribuer raisonnablement les problèmes aux bonnes sources.

De nombreuses guerres ont été déclenchées suite à la personnification du mal en une personne, sa traque servant parfois de prétexte à des objectifs économiques ou géopolitiques tout autres.

MANIPULER SANS FAIRE DE REQUÊTE

Dans notre quotidien, il existe une mauvaise manipulation que nous pouvons tous nous atteler à annihiler. Je ne rigole pas. Mon rêve serait que nous arrêtions tous de faire cela. Car malheureusement, nous participons tous à l'existence de cette petite manipulation en la pratiquant également. C'est devenu pour certains une forme de langage. Nous l'avons déjà croisée plusieurs fois dans les exemples de cet antiguide, il est temps de détailler ce processus.

Cette manipulation est l'utilisation de la requête indirecte. Cette manière de formuler sa requête, que nous verrons juste après, permet à celle ou celui qui la formule de :

- faire semblant de laisser le libre-arbitre à la personne qui entend la requête ;

- garder le pouvoir sans montrer de faiblesse puisqu'elle ou il ne demande rien ;
- ne pas être redevable, puisqu'elle ou il n'a rien demandé ;
- ne pas être attaquable, puisqu'elle ou il n'a rien demandé.

Vous vous demandez sûrement de quelle magie je parle, alors voici un exemple de requête indirecte. Imaginez que vous êtes chez vous avec la personne qui vit avec vous. Vous êtes tous les deux installés très confortablement dans un moelleux canapé, après une journée de travail. Tout à coup, quelqu'un sonne à votre porte ! Vous n'avez pas du tout envie de vous lever et vous dites simplement : « Quelqu'un sonne à la porte d'entrée. » Si l'autre personne se lève pour aller ouvrir, vous pourrez dire ensuite que vous n'avez jamais demandé qu'elle y aille, vous avez juste constaté que quelqu'un sonnait. En réalité, il s'agissait d'une requête indirecte. Le message explicite était effectivement que quelqu'un sonnait mais le message implicite était bien « il faut que tu ailles ouvrir ».

Une autre manière de faire et de transformer la demande en question. Voici un deuxième exemple de requête indirecte. Vous êtes maintenant à table en train de manger et vous dites : « Pourrais-tu aller prendre la bouteille d'eau ? » Imaginez que la personne vous réponde juste « non », seriez-vous étonné ? Une requête indirecte se reconnaît donc également dans les questions qui attendent comme réponse un « oui » ou un « non », mais où l'une des deux réponses est inenvisageable. Il y a d'ailleurs de fortes chances que la personne ne réponde pas explicitement « oui » mais se lève pour aller chercher la bouteille, signe qu'il s'agit bien d'un ordre. Imaginez maintenant si vous aviez dit : « J'ai soif. » Comme dans le premier exemple, ça n'aurait pas été un constat car l'autre personne n'a pas d'intérêt particulier à avoir cette information, elle sait immédiatement que si vous faites ce constat, c'est pour qu'elle agisse afin de modifier l'état de fait… donc se lever et aller vous chercher de l'eau.

D'ailleurs, si on creuse en ce sens, on peut constater que même la question « Pourrais-tu aller prendre la bouteille d'eau ? » contient des données implicites telles que le fait que vous avez soif, que vous ne souhaitez pas vous lever, etc.

La requête indirecte, implicite, peut générer des tensions. Ce n'est pas une manière saine de poser des demandes. Alors, comment lutter contre ?

J'avais abordé ce sujet dans mon livre *Le bonheur est caché dans un coin de votre cerveau*. Vous devez décider, réellement, de ne plus comprendre les sens implicites si vous ne voulez pas y répondre. Si on vous le reproche, vous pourrez dire en toute bienveillance qu'il vaut mieux vous poser une question explicite si la personne attend de vous un résultat. Et si c'est une question où vous devez répondre par oui ou non, prenez réellement la liberté de dire oui ou non. Dans le cas où votre réponse choque la personne, vous pourrez dire en toute bienveillance que, si votre réponse ne lui convient pas, alors c'est qu'elle vous avait donné un ordre et que vous trouvez ça étrange de vous donner un ordre. De votre côté, vous devez tendre à devenir irréprochable en formulant toujours des demandes explicites et en acceptant sans jugement un « oui » comme un « non ».

La baisse des mauvaises manipulations quotidiennes est le travail de tous. Quand vous appliquerez les conseils de ce chapitre, vous allégerez votre charge mentale car vous retrouverez de la simplicité à formuler des demandes claires, à ne rien imposer et à garder votre liberté de dire oui ou non.

LES POINTS À RETENIR

- si vous ne pouvez pas dire non, alors la requête est en réalité un ordre ;
- refusez de comprendre les requêtes implicites ;
- formulez toujours des questions claires ;
- acceptez avec bienveillance que l'on puisse vous dire non.

LA LIMITE DES COMPLIMENTS

Il y a des manipulations plus ou moins agréables à subir. Comme vous pouvez vous en douter, une manipulation qui est agréable à vivre fait baisser la garde de votre esprit critique. Lorsque vous vous en rendez compte, il est déjà trop tard. Cette astuce de manipulateur, vous l'avez pourtant entendue dès votre plus jeune âge dans la fable de Jean de La Fontaine « Le Corbeau et le Renard ». Je vous rafraîchis la mémoire : le renard voit dans l'arbre un corbeau avec un fromage dans son bec. Comme il veut récupérer le fromage, il va flatter le corbeau sur la qualité de son chant. Le corbeau va alors vouloir chanter, ouvrir le bec et perdre le fromage.

Qu'il est bon de se faire flatter ! Louis de Funès en a fait une réplique culte dans *La Folie des grandeurs* : « Et maintenant Blaze, flattez-moi... » Il en est ainsi, la flatterie est toujours bien accueillie. Pire ! Même lorsque l'on se demande si la personne n'en fait pas un peu trop, notre cerveau est quand même satisfait de ce qu'il entend. Voici les trois formes utilisées par les manipulateurs.

LE COMPLIMENT CLASSIQUE

Il s'agit de faire des compliments sur vos actes, votre physique, vos compétences, votre parcours. Le compliment classique est rarement seul et la personne est très enthousiaste à chaque fois qu'elle vous en lance un.

EXEMPLE

« Tu es très beau/belle aujourd'hui ! Et j'adore ta coupe de cheveux ! Et ton pantalon te va trop bien… » Qui peuvent cacher une demande de service ensuite.

LA FLATTERIE

Un peu différente, la flatterie manipulatrice consiste à faire des phrases avec une thématique précise, vous prêtant des qualités que vous ne soupçonniez même pas !

EXEMPLE

« Oui mais toi, tu sais faire ça mieux que moi, tu es tellement doué. » Qui peut facilement vous donner envie de faire cette fameuse chose à sa place puisque vous le faites si bien.

LA JALOUSIE SIMULÉE

Voilà la plus terrible des armes utilisées par les maîtres Renard de la manipulation. C'est subtil : l'idée est de flatter l'autre en lui faisant croire qu'il a créé un sentiment d'envie ou de jalousie chez le manipulateur. La psychologie humaine est comme ça, l'égo se gonfle d'orgueil en sentant qu'en plus, on envie votre position !

EXEMPLE

« Quelle chance tu as ! J'adorerais avoir ton talent pour la cuisine. C'est toujours parfait comme tu fais, moi c'est à peine mangeable. Ça m'énerve de voir à quel point c'est inné chez toi. » Qui pourra être suivi d'une demande quelconque un peu plus tard.

Quoi qu'il arrive, ces techniques de compliments servent au manipulateur pour obtenir une faveur à plus ou moins long terme. Les plus intelligents d'entre eux prennent soin de ne complimenter que des choses « vraies » ou qui ont au moins une base de véridique afin de rester crédible et de toucher leur cible.

Il est très difficile de discerner le faux compliment du compliment sincère, surtout quand les points complimentés sont effectivement réels. La seule manière d'y faire face est de dissocier les demandes (implicites comme explicites) de la personne qui les formule ou des compliments qu'elle a pu vous faire.

En résumé, ne vous laissez pas submerger par les émotions positives qu'a générées une personne à force de vous complimenter, prenez le temps d'analyser ce qu'implique sa demande et si vous avez vraiment envie d'accepter.

ARRÊTER LES VOLEURS DE SOMMEIL

Si vous avez déjà eu l'occasion de lire mes précédents livres, vous verrez que j'y parle toujours à un moment ou à un autre du sommeil. Je me sens donc obligé d'écrire un chapitre à ce sujet dans celui-ci aussi, sinon j'ai peur de casser un rituel qui fait que je m'entends si bien avec Marie-Anne et Laura, mes éditrices... Évidemment, non ! Je n'ai pas de biais de superstition ! Pour autant, il vous semble peut-être étonnant de trouver une partie sur le sommeil dans un livre sur la manipulation. Je dois vous avouer que j'ai réfléchi avant de l'écrire pour peser le pour et le contre de sa légitimité. Mais je suis, à titre personnel donc, trop touché par le sujet pour faire l'impasse dessus.

Le sommeil est l'un des éléments les plus importants pour le cerveau. Écrit comme cela, ça n'est peut-être pas une grande nouveauté, mais nous surestimons tous notre capacité à récupérer lorsque nous dormons peu. L'Inserm a, en 2017, publié une étude montrant que nous dormons 1h30 de moins par nuit qu'il y a cinquante ans. Cette même étude révèle qu'une personne sur trois est, en France, sujette à des troubles du sommeil. Un mauvais sommeil engendre évidemment des risques pour la santé en général ; néanmoins, on oublie l'impact direct que les courtes nuits ont sur notre cerveau.

Tout d'abord, nous savons depuis 2019, grâce aux recherches de la neuroscientifique danoise Maiken Nedergaard, comment fonctionne le traitement des déchets du cerveau (jusqu'alors, c'était un grand mystère). Cette équipe a établi, grâce aux dernières trouvailles techniques en termes d'imagerie du cerveau, que le liquide qui entoure le cerveau (le liquide céphalo-rachidien) se chargeait la nuit de passer dans tous les recoins de notre tête pour collecter les déchets et les éliminer. Ce principe, appelé le système glymphatique, est au maximum de son efficacité durant nos heures de sommeil (et favorise entre autres l'élimination des déchets tels que les protéines bêta-amyloïdes qui jouent un rôle dans le fléau qu'est la maladie d'Alzheimer).

Le sommeil favorise également la maturation cérébrale. De bonnes nuits reposantes favorisent l'augmentation des épines dentriques, des sortes de petites extensions sur les neurones qui se connectent directement aux autres neurones autour pour faire circuler la pensée plus rapidement.

Mais recentrons-nous sur le sujet, pourquoi la manipulation et le sommeil sont intimement liés ?

Premier point : pour votre capacité à être vigilant, à identifier une situation de manipulation et à faire preuve d'agilité mentale pour lutter contre cette intrusion mentale. La fatigue ronge votre capacité d'analyse autant que votre patience et vous serez plus à même de vous laisser manipuler par quelqu'un qui veut prendre des décisions à votre place tant vous vous sentirez soulagé. Ça n'est pas pour rien que les techniques de torture, malheureusement employées depuis toujours, incluent dans leur package la privation de sommeil qui rend les victimes beaucoup plus dociles, tant elles perdent leur envie de libre-arbitre.

Second point : parce qu'une manipulation non désamorcée engendre, au moment de l'endormissement, une activité cérébrale pouvant entraîner une insomnie. Insomnie qui jouera sur vos capacités cognitives le lendemain : le début d'un cercle vicieux vous privant de sommeil. Je parle de cela en connaissance de cause !

J'aime jouer avec mes capacités physiologiques, j'ai donc exploré les différentes manières de dormir en m'inspirant des marins solitaires ou des militaires. J'ai également un besoin relatif au sommeil car, me connaissant en profondeur, je sais comment faire pour qu'une nuit de quatre heures ne m'impacte que peu le lendemain. Par contre, je suis sujet à la réflexion pré-endormissement, des pensées qui me viennent et qui m'accompagnent lentement dans les bras de Morphée.

Mais lorsqu'une partie de ces pensées détecte une anomalie, elles commencent à danser dans mon esprit, à établir des hypothèses et font la rumba dans mon cerveau toute la nuit. Les lendemains sont douloureux. Les manipulations (subtiles ou frontales) fabriquent ce terrain anxiogène sur lequel votre pensée se met à gambader. Et je pense que vous connaissez malheureusement des moments où vous vivez la même chose. La seule alternative qui peut vous soulager est de vous confronter à cette manipulation ou ce mensonge le lendemain. Vous devez faire preuve de courage et affronter – sans ménagement – la personne qui a tenté de vous manipuler la veille. C'est tout un pan de votre santé qui en dépend, c'est également votre pleine capacité cognitive qui est en jeu.

Cette personne peut être un proche ou une personne très éloignée, vous devez la contacter et remettre la discussion en route (ou tout ce que vous avez perçu comme faisant partie d'une manipulation) pour mettre cartes sur table. Cela demande parfois du courage car vous devez faire tomber des politesses sociales, mais je vais vous dire quelque chose : ce n'est pas parce que c'est vous qui entamez la conversation qui « dérange » que c'est vous qui êtes à l'origine de cette situation. Vous êtes au contraire en train de vous guérir d'un poison que l'on vous avait injecté.

Alors certes, sur le papier, ce conseil a l'air simple à suivre. Et je vais être honnête en vous disant que même moi, je n'ose pas toujours le faire tant il est plus confortable de vivre en dehors du conflit. Mais vous vous rendrez un grand service en affrontant ces moments quand ils doivent avoir lieu, quand vous êtes certaine ou certain de votre légitimité. Le plus efficace étant, quand vous détectez une manipulation, de la désamorcer immédiatement pour vous endormir sereinement en fin de journée.

ET APRÈS ?

Un livre entier pour parler de l'influence, de la manipulation, des notions de bienveillance et de malveillance. Un livre entier qui peut faire peur et même paraître cynique sur les relations que nous avons les uns avec les autres. Pourtant, promis, ça n'est pas le but ! J'ai voulu écrire quelque chose d'objectif, de concret, qui vient de mon expérience de mentaliste assortie d'études dont je me nourris en permanence. Mais alors, pour quoi faire ?

Pour mieux communiquer déjà. Il est certain que notre vie se résume en une communication permanente les uns avec les autres, et même si je ne vais pas vous faire une Steve Jobs en écrivant « Ceci est une révolution », je me plais à me dire qu'à partir d'aujourd'hui, ce que vous avez lu dans ces pages laissera une trace dans votre esprit (ne cherchez pas à frotter, ça ne part pas). Une trace introspective qui vous fera peut-être formuler vos demandes différemment, avec éthique, et qui vous fera choisir les meilleurs arguments plutôt que des leviers sans foi ni loi. Une trace protectrice qui vous permettra de déjouer les manipulations lancées contre vous, qu'elles soient faites consciemment ou non, qu'elles soient faites à titre individuel ou collectif. Une trace d'esprit critique qui vous aidera à vous poser systématiquement des questions saines, à admettre que, parfois, il n'y a pas de réponse, et que votre cerveau doit quand même s'en contenter.

La dernière étape est certainement de choisir ce qu'il y a à l'intérieur de vous-même. Oui, oui, à l'intérieur... Oh, rassurez-vous, inutile d'aller passer un scanner car je veux parler de quelque chose qui n'apparaît pas à l'imagerie médicale (quoique) : vos émotions.

Connaissez-vous Wayne Dyer ? C'était un conférencier et auteur américain qui nous a quittés en 2015. La veille de sa mort, il donnait une conférence à Toronto, au Canada, et il a sorti une orange sur scène. Il a demandé à un jeune garçon assis dans les premiers rangs ce qu'il se passerait s'il pressait cette orange de toutes ses forces. Le garçon lui a répondu qu'il sortirait du jus, en se demandant à quelle autre réponse Wayne pouvait s'attendre. Mais le conférencier enchaîna avec une deuxième question : est-ce que du jus de pomme pourrait sortir ? Le jeune garçon fut pris d'un rire sincère et répondit que non. Wayne continua en demandant si du jus de pamplemousse pourrait sortir ? Toujours souriant, le jeune homme répondit que non. Enfin, Wayne demanda quel type de jus sortirait et sans surprise, le garçon répondit qu'il s'agirait de jus d'orange.

Au jeune homme, et indirectement à l'assistance, Wayne Dyer demanda pourquoi, lorsqu'on presse une orange, c'est du jus d'orange qui en sort. Personne n'osa répondre et peut-être que personne n'était sûr d'avoir une réponse qui ne serait pas ridicule. Wayne, satisfait de son effet, put enfin révéler le but de cette métaphore. Il expliqua qu'en imaginant que cette orange était une personne, si on mettait la pression à cette personne, alors l'émotion qui en sortirait ne serait peut-être pas en lien direct avec la pression apposée. J'aime beaucoup ce passage très imagé de Wayne Dyer, je pense d'ailleurs que les métaphores, bien que souvent pleines de raccourcis, permettent d'expliquer la base d'une idée forte.

La manipulation agit souvent comme une pression, le fait de céder parfois consciemment à une manipulation est une réponse contre ou pour nos émotions. La manipulation stimule la colère, la peur, l'inquiétude, l'orgueil, le mépris et toute une flopée de sentiments pas toujours agréables à vivre. Le meilleur moyen de se protéger des manipulations extérieures est d'éviter d'utiliser malgré soi des astuces pas toujours éthiques et de choisir en amont ce qu'il y a à l'intérieur de vous. En cultivant votre état de bienveillance intérieure, de bonheur, en le faisant dépendre plus de vous que des autres ou du monde qui vous entourent, il ne sortira que de bonnes intentions et de bonnes émotions des pressions que vous subirez.

Je sais... vous vous dites peut-être que le temps passé à écrire ce livre m'a fait pousser des fleurs dans le cerveau (c'est possible, il faut que je vérifie) mais justement, l'un des pouvoirs extraordinaires de votre cerveau est de pouvoir décider de sa vulnérabilité. Je vous invite, si vous avez l'occasion, à emprunter ou vous faire prêter mon précédent livre qui constitue un beau binôme avec celui-ci. Manipulation de ma part ? Simple conseil désintéressé ? Je terminerai donc cet antiguide par la démonstration d'un conseil situé entre la sincérité et le conflit d'intérêts...

Prenez soin de vous et des autres,

Fabien Olicard

INDEX ET BIBLIOGRAPHIE

INDEX

BIBLIOGRAPHIE

Behind the Shock Machine – The Untold Story of the Notorious Milgram Psychology Experiments, Gina Perry, Éditions Scribe, 2012

« Fairy Tales and Script Drama Analysis », Stephen Karpman, dans la revue *Transactional Analysis Bulletin*, volume 7, 1968

L'Art de la guerre, Sun Tzu

Le Goût du vrai, Étienne Klein, Éditions Gallimard, 2020

Nudge: Improving Decisions about Health, Wealth, and Happiness, Richard Thaler, Cass Sunstein, Penguin Books, 2009

Pré-suasion, Robert Cialdini, Éditions First, 2017

Soumission à l'autorité, Stanley Milgram, Éditions Calmann-Lévy, 1974

« The Fallacy of personal validation: a classroom demonstration of gullibility », Bertram Forer, dans la revue *Journal of Abnormal and Social Psychology*, volume 44, 1949

« The Illusion of control », Ellen Langer, dans la revue *Journal of Personality and social psychology*, volume 32, août 1975

« The Psychology of Sunk Cost », Hal R. Arkes, Catherine Blumer, dans la revue *Organizational Behavior and Human Decision process*, volume 35, Issue 1, 1985, p. 124-140

TABLE DES MATIÈRES